中国领导力

思想领袖看中国与世界

杨燕青　张力奋　主编

中信出版集团 · CHINA CITIC PRESS · 北京

图书在版编目（CIP）数据

中国领导力：思想领袖看中国与世界 / 杨燕青，张力奋主编．—北京：中信出版社，2016.7
ISBN 978-7-5086-6298-5

Ⅰ．①中… Ⅱ．①杨… ②张… Ⅲ．①中国经济－经济发展－研究②社会发展－研究－中国Ⅳ．① F124 ② D668

中国版本图书馆 CIP 数据核字（2016）第 124767 号

中国领导力：思想领袖看中国与世界

主　　编：杨燕青　张力奋
策划推广：中信出版社（China CITIC Press）
出版发行：中信出版集团股份有限公司
（北京市朝阳区惠新东街甲 4 号富盛大厦 2 座　邮编　100029）
（CITIC Publishing Group）
承 印 者：北京通州皇家印刷厂

开　　本：880mm×1230mm　1/32　　印　　张：8.125　　字　　数：210 千字
版　　次：2016 年 7 月第 1 版　　印　　次：2016 年 7 月第 1 次印刷
广告经营许可证：京朝工商广字第 8087 号
书　　号：ISBN 978-7-5086-6298-5
定　　价：58.00 元

目 录 | Contents

序 从二到一 /周健工 /1

第一篇 大趋势

2016年中美关系将经历一段摩擦多发期 /3

吴建民 外交部外交政策咨询委员会委员、中国前驻法大使、外交学院原院长

四场“中国赛局”如何实现双赢 /18

蔡昉 中国社会科学院副院长

哪种模式会胜出：中国或美国 /29

弗朗西斯·福山 斯坦福大学高级研究员，民主、发展和法治中心主任，著有《政治秩序和政治衰败》

全球经济转型之路 /32

克里斯蒂娜·拉加德 国际货币基金组织（IMF）总裁

亚投行已做好准备 /39

金立群 亚洲基础设施投资银行行长

人民币加入 SDR：未来 9 个月的检验 / 43
朱民 国际货币基金组织（IMF）副总裁

第二篇 世界格局

中英开启黄金时代 / 51
乔治·奥斯本 英国第一内阁大臣、财政大臣

危机中的欧洲呼唤团结 / 54
让－克劳德·容克 欧盟委员会主席

TPP 不会取代 WTO / 57
巴尔舍夫斯基 美国前贸易代表

全球经济小型再平衡 / 61
施尔德 标准普尔全球首席经济学家

经济是中美强大的黏合剂 / 66
大卫·蓝普顿 霍普金斯大学中国项目主任

乐观看待未来中美关系 / 69
卜励德 美国外交家

瓜达尔港改变游戏规则 / 75
肖卡特·阿齐兹 巴基斯坦前总理

亚洲经济谨慎乐观 / 79
古泽满宏 国际货币基金组织（IMF）副总裁

第三篇 宏观中国

2016 年上半年经济有望触底 / 85
贾康 财政部财科所原所长

宏观政策不能再走双宽松老路 / 93
王小鲁 中国经济改革研究基金会国民经济研究所副所长

中国内需不足，需大幅减税 / 100
许成钢 香港大学钟瀚德基金经济学讲座教授

劳动者转化为消费者，“五险一金”应减半 / 106
谢国忠 经济学者

中国金融的使命与担当 / 109
张红力 中国工商银行副行长

双轨投资应对经济下行 / 113
史正富 复旦大学新政治经济学研究中心主任

打破垄断放松供给约束 / 121
滕泰 万博兄弟资产管理公司董事

我经历的中国巨变 / 128
瑞·达利欧 美国桥水基金主席兼联席首席投资官

合作四十年后的祝福 / 132
费慕礼 淡水河谷首席执行官

第四篇 金融挑战

把脉“十三五”时期的金融改革 / 139
李扬 国家金融与发展实验室理事长，中国社会科学院学部委员、原副院长

丝路基金如何助力“一带一路” / 148
金琦 丝路基金董事长

投资非洲正当时 / 154
迟建新 中非发展基金董事长

迎接更多变革的 2016 / 168
沈联涛 香港大学亚洲国际研究所杰出研究员，清华大学兼职教授

互联网金融的新时代 / 172
姚余栋 中国人民银行金融研究所所长

"强势人民币"则经济强 / 177
管涛 中国金融四十人论坛高级研究员

金融钓愚的微妙设计 / 183
罗伯特·希勒 2013年诺贝尔经济学奖得主

第五篇 商业力量

中国商学院需弥补三大差距 / 189
陆雄文 复旦大学管理学院院长

没了油价红利，航企去哪里赚钱 / 194
王正华 春秋航空董事长

未来你会被机器人逗乐 / 198
冯雁 香港科技大学电子和计算机工程教授

油气改革主抓管网独立 / 204
景春梅 中国国际经济交流中心信息部副研究员

中医没看起来那么简单 / 211
程京 中国工程院院士

医药创新需更多"分母" / 216
王晖 弘晖资本创始人

变革新药研发的梦想 / 219
杨青 药明康德 COO

体外诊断进入整合关键 / 224
陈海斌 迪安诊断董事长

第六篇 思想文化

火星之旅需要国际合作 / 231
艾伦·斯托凡 NASA首席科学家

《三体》是科幻电影元年的关键一段 / 235
刘慈欣 科幻作家，代表作《三体》

中产阶层将塑造我们这个时代的艺术 / 239
菲利普·多德 多德创意董事长

"原创崛起"能误导一代人 / 243
洪晃 BNC（薄荷糯米葱）投资人

序

从二到一

周健工 第一财经首席执行官

2015年被一些人称为“中国世纪元年”，因为国内外一些经济学家，用一种叫购买力平价的方法，计算出中国的GDP（国内生产总值）2014年底超过了美国。美国经济学家斯蒂格利茨2015年初在《名利场》杂志上发表了一篇文章《中国世纪》，试图宣告一个新时代的降临。

其实，英国经济史学家安格斯·麦迪森用一种叫“国际元”的单位，十多年前就计算出中国GDP将在2015年超过美国。他在中国的一位支持者胡鞍钢一直认为中国GDP超过美国的时间会更早——在2010年左右，当时源于美国的国际金融危机发生不久，而中国的四万亿刺激政策正在发威。

国际机构和各国政府的官方结论仍然是名义GDP，并以名义汇率换算成美元来进行比较。另外一些经济学家，譬如担任过世界银行首席经济学家的林毅夫预测，中国最迟在2025年GDP超过美国，成为全球最大经济体。

这样的数字游戏，往往也是人算不如天算。2015年中国GDP增长已经跌破7%，人民币升值结束，开始进入贬值通道，2016年还会继续下滑。中国经济总量超过美国，几乎已经被公认为是必然要发生的，现在看来可能要等待更长的时间。而中国对“中国世纪”的开始并没有表现出特别热切的期待，因为中国还没有准备好承担起那么大的责任。而且，“中国世纪”的上空不应被雾霾笼罩。

此外还有一个原因，可以让我们对GDP总量世界第一的前景保持淡定。起码在过去的一千年里，因为人口规模，中国差不多有9个世纪都是世界第一大经济体。即使是在腐败的清朝末年，仅仅因为人口规模，中国也能维持最大经济体的地位，只是到了1890年前后才被美国取代。所以，中国GDP超过美国，放到一个千年历史坐标来看，不过是中国经济在经过一个多世纪的下跌后，反弹到“常态”，而不是“新”常态的过程而已。

中国经济总量目前占全球的份额还远未达到清朝的高度。据麦迪森的统计，在鸦片战争前的1820年，中国产出占世界的比重一度高达33%，人口占世界的比重高达37%。按人均来看，中国一直都不是一个富裕的国家。目前中国的人口规模占全球总人口的18%，按照官方统计，中国经济总量在全球的份额大约为13%，即使按照购买力平价计算，中国经济规模目前还达不到全球经济的18%。

如前所述，中国经济总量达到全球第一，实际上是中国经济恢复到与其人口规模相匹配的经济常态而已，并不能说明中国可以成为世界的领导者。1870年前后，美国GDP超过英国，没有人说“一个美国世纪到来”；日本全面入侵中国前的1936年，中国的GDP是日本的2.8倍，却面临着亡国的危险。

与过去35年中国GDP的迅速反弹相比，放到一个更长的历史坐标来看，在今后35年甚至更长一段时间，中国面临的使命不仅仅是恢复历史常态的“复兴”，更是超越以往由人口规模决定的地位，成为一个真正富裕和引领世界的国家。这一进程面临的挑战会更大。

中国的人口结构已经不再支持一个高速赶超的经济，而且中国有可能首次失去第一人口大国的地位。美国人口3.2亿，印度人口12.5亿，中国人口13.6亿。按中位数年龄来看，美国37.8岁，印度27.3岁，中国36.8岁。中国创造奇迹的发展模式正在转向印度。中国的人口中位数年龄已经与美国相当，但美国人口增长快于中国，其人口结构更均衡。

美国成为全球经济强国的另一个原因，是其能够在工业革命后长达两百多年的历史中保持经济持续增长。在19世纪末与20世纪初，美国成为第二次工业革命和全球化的最大受益者，从主要依靠要素投入的经济转变为主要依靠创新、技术进步和管理效率提升的经济。如果说中国的奇迹是短时期内高速增长，那么美国的“奇迹”是一个长期稳步积累、不断创新的“复利”的奇迹。

中国无法重复美国的道路，也不可能花上200年的时间，但经济增长自有其规律。我们从“供给侧”看看美国经济强在哪里。

资本：美国拥有全球最发达和有效的资本市场，并且主导建立了全球金融与货币体系，处于全球资源配置的中心地位。美元是全球储备货币。

劳动力：美国的大学体系不仅培养了高素质的劳动力，也造就了有创意的人才。更重要的是，美国的大学和创新体系吸引了全球最优秀的移民。

土地和自然资源：美国拥有丰富的自然资源，但关键是美国所拥有的地缘战略资源，通过军事力量、盟国关系占据了全球战略位置，控制着全球供应链系统，为本国的生产获取了稳定的供应，同时也决定着全球市场的供应。美国控制着一种新的资源，即信息时代的网络空间和数据资源。

全要素生产率：尽管日裔美国人福山批判美国联邦政治制度的“衰朽”在中国很受欢迎，但美国的市场体制、管理体系、创新能力依然无可匹敌。

中国经济规模达到全球第二，是开放的结果。中国利用了西方市场的进口需求，利用了目前全球经济的游戏规则，而这个游戏规则是由美国和西方制定的。中国在全球经济中的地位如果要继续攀升，实现政府所希望的“中高速”增长，而且是可持续的增长，需要在“供给侧”重新思考动力在哪里，也需要从一个国际游戏规则的适应者和“搭车者”变成一个参与者和引领者。

从二到一风险诸多。从人类历史上看，一个国家的实力提升，尤其是快速提升，将会改变全球力量的格局。在寻求新平衡的过程中，那些新崛起的大国直接挑战现有的国际秩序，往往伴随着战争与冲突。但中国追求的是一种有序的再平衡。

从二到一，中国经济增长的动力需要向创新经济转型，中国的金融市场需要向全球开放，这些动作的难度及风险系数很高，花费的时间要比那些经济学家预期的更长一些，这样会更好。

第一篇
大趋势

2016 年中美关系将经历一段摩擦多发期

吴建民

外交部外交政策咨询委员会委员、中国前驻法大使、外交学院原院长

2015 年过去了，这一年的国际形势跌宕起伏，有以下几个突出的特点。

时代潮流不可阻挡

2015 年国际上发生了很多事情，让人眼花缭乱，仔细观察就会发现，和平、发展、合作、共赢的时代潮流继续向前推进。有几件事特别能说明这一点。

习近平主席对美国进行成功的国事访问

习近平主席 2015 年 9 月 22~25 日对美国的国事访问是国际媒体十分关注的事件。中美两国作为全球最大的两个经济体，关系如何不仅会影响中美两国，而且关系到全世界。2015 年，以来，中美关系在继续发展的同时也出现了摩擦和矛盾，特别是围绕网络安全、南海、人权等问题。2015 年，在习近平主席访美之前，我先后两次去美国，会见了一些美国朋友和关心中美关系的人士。他们说中美关系的氛围不好，很担心这种氛围会给习近平主席访美投下阴影。国际媒体对中美之间的分歧做了大量的报道，好像中美关系注定会陷入修昔底德陷阱。

习近平主席访美结束后，中国外交部公布了 49 项成果清单，比 2014 年 11 月奥巴马总统对中国进行国事访问达成的 27 项成果多 22 项。访问的成功受到中美两国人民和国际社会的普遍欢迎。中美不仅没有迎头相撞，反而在各个领域的合作继续向前推进。

习近平与马英九举行了历史性的会晤

2015 年 11 月 7 日，习近平主席与台湾地区领导人马英九举行了历史性的会晤，这是自 1949 年以来两岸领导人的首次会面，不仅受到两岸同胞的热烈欢迎，而且得到了国际社会的广泛赞誉和肯定。会晤雄辩地表明，两岸关系和平发展是大势所趋、人心所向，是符合时代潮流的。

伊朗核协议终于达成

2015 年 7 月 20 日，安理会五个常任理事国、德国和伊朗关于伊朗核问题经过 10 年的艰难谈判终于达成协议。伊朗核协议受到全世界包括伊朗的欢迎。伊朗地处中东，而这个地区正是全球动荡、局部战争、冲突和仇恨的中心。如果伊朗核问题谈判久拖不决，势必会加剧本地区的动荡。伊核达成协议不仅对本地区，对全世界都是好消息。

东亚地区的矛盾和分歧得到了管控

东亚地区是全球经济增长的中心，但近几年来由于领土争端和历史问题出现了一些紧张形势，矛盾和分歧有所发展。然而，在有关国家的共同努力下，这个地区的矛盾和分歧得到了管控。

中日关系是亚太地区很重要的一对双边关系。2015 年对中日关系来说是十分敏感的一年，因为这一年是世界反法西斯战争暨中国人民抗日战争胜利 70 周年。2015 年 8 月 14 日日本首相安倍晋三发表有关历史问题的谈话，9 月 3 日中国举行了盛大的阅兵仪式。不少人曾担心正在恢复和改善的中日关系可能在 2015 年再度出现波澜。然而事实是，中日关系尽管面临着困难，但两国关系改善的进程仍在继续。

4 月 22 日，习近平主席在雅加达会见了日本首相安倍晋三。

5 月 23 日，习近平主席会见了由日本自民党总务会长二阶俊博率领的 3000 人代表团。习主席在讲话中强调："中国高度重视发展中日关系，尽管中日关系历经风雨，但中方这一基本方针始终没有改变，今后也不会改变。"

中日韩三国首脑会议在推迟了三年之后，在 2015 年 11 月 1 日于韩国首尔举行，开启了中日韩合作的新阶段。

2014 年中越两国因为领土争端，两国间的紧张局势一度升温。2015 年 9 月 2~3 日，越南国家主席张晋创访问中国并参加了阅兵仪式。11 月 5~6 日，习近平主席访问了越南，两国首脑 2015 年内实现了互访，达成了一系列协议。双方一致同意发展合作、管控好分歧。

中国和菲律宾因海洋领土争端问题，两国关系出现了紧张局面。2015 年 11 月 10 日，王毅部长访问了菲律宾，会见了总统阿基诺三世。习近平主席出席了 11 月 17~20 日在马尼拉举行的 APEC（亚太经贸合作组织）峰会。中菲两国的高层来往显然有益于缓和两国的紧张局势。

美国和古巴恢复外交关系

1959 年古巴革命胜利后，美国与古巴的关系急剧恶化，1961 年 1 月美古断交，美国始终对古巴实行封锁禁运的政策。然而 2015 年双方经过谈判，达成了复交协议，于 7 月 20 日正式恢复外交关系并重开大使馆，两国关系长达 50 多年的死结终于解开。

巴黎联合国气候变化大会达成协议

2015 年 12 月 13 日，巴黎联合国气候变化大会经过长期的艰苦谈判，终于达成最后协议。消息传来，举世欢腾，这是 2015 年年终最好的一个消息。

气候变化是人类当前面临的严峻挑战。气候变化已经不是一个理论问题，而是一个现实问题。2015 年是自有记录以来人类历史上最热的一年，地球温度在升高，冰川在融化，极端灾害天气越来越频繁。应对气候变化需要全世界共同努力，这也关系到各国的根本利益，所以谈判非常艰苦。2009 年，联合国气候变化哥本哈根大会未能达成协议。人类曾对气候变化大会达成协议持悲观态度，但此后情况发生了变化。

特别是 2014 年 11 月，奥巴马总统访华期间与习近平主席达成了应对气候变化联合声明。中美首脑联合声明给陷于僵局的联合国气候谈判带来了希望。2014 年 12 月，联合国气候变化部长级会议在秘鲁召开，各方谈得非常艰苦，但仍未打破僵局，最后采用《中美气候变化联合声明》中的提法才达成了协议。2015 年 9 月，中美首脑又就此发表了第二个联合声明。中美两国是全球排放温室气体最多的国家，两国首脑达成协议对于应对气候变化的谈判起到了有力的推动作用。

11 月 2~3 日，巴黎气候变化大会的东道国法国总统奥朗德访问中国，气候变化是两位首脑会谈的重要议题之一。两国首脑共同发表了《中法元首气候变化联合声明》。

11 月 29 日，习近平主席抵达巴黎后，当晚与奥朗德总统共进工作晚餐；11 月 30 日，习近平主席在巴黎会见了美国总统奥巴马，一致同意共同推动巴黎气候变化大会取得成功。

12 月 11 日，在巴黎气候变化大会的最后阶段，习近平主席又与奥巴马总统通电话，双方重申中美要同各方加强协调、共同努力，确保巴黎大会如期达成协议。

12 月 13 日，在会议达成协议后，奥巴马总统发表电视讲话，盛赞中美合作对达成协议发挥了关键作用。

巴黎气候变化大会达成的协议，是人类历史上第一次有如此多的国家参加，并在如此高的级别上达成的应对严峻气候变化挑战的协议。这个协议的意义非同小可，是人类文明史上的一个里程碑，也是人类共同的胜利。

时代潮流不是抽象的，时代潮流是由时代主题所确定的。每个时代都有自己的主题，主题既反映了这个时代所面临的主要矛盾，又指出了解决主要矛盾的路径。尽管世界不少地区还面临着冲突和动荡的形势，然而上述六件事雄辩地说明：和平、发展、合作、共赢这个时代的潮流在继续向前推进。

代表旧时代的冷战、对抗、冲突、仇恨的潮流仍在顽强表现，并有新的发展

时代主题从“战争与革命”演变为“和平与发展”，给世界带来了巨大的变化和进步。然而，今天的世界是从旧世界演变过来的，代表旧时代的冷战、对抗、冲突、仇恨的潮流仍然不肯离去。欧洲曾是昔日美苏“冷战”的主战场，中东是美苏当年争夺的关键地区。长期的“冷战”所形成的强大惯性仍在影响着人们的思想和行动，并有新的发展。

2015 年对欧洲来说是多事之年，乌克兰危机、恐怖袭击、经济危机、难民危机接踵而来。恐怖主义成为欧洲当前关注的首要问题。

1 月 7 日，蒙面枪手袭击了法国讽刺漫画杂志《查理周刊》的总部，造成 12 人死亡，其中包括 4 名漫画家。枪手在袭击时自称来自也门的基地组织，并高呼“为先知（穆罕默德）报仇”。

11 月 13 日晚，巴黎市中心及其北郊的法兰西体育场发生系列恐怖袭击事件（7 起枪击、6 次爆炸、1 起屠杀人质），造成 132 人死亡，352 人受伤。仅在巴塔克兰剧院，恐怖分子就打死了 100 多人。法国总统奥朗德随即宣布全国进入紧急状态，并封锁了边界。11 月 14 日，极端组织“伊斯兰国”（IS）在社交网络上发表一份正式

声明，宣称对 11 月 13 日晚在巴黎发生的系列恐怖袭击事件负责。消息传来，世界各国同声谴责恐怖主义的暴行，并向法国政府和人民表示同情和声援。

2015 年我多次去欧洲开会，发现难民危机成了欧盟面临的大难题。尽管欧洲接受了一部分难民，但这仅仅是开始，还会有大批的难民源源不断地向欧洲涌来。德国总理默克尔是一位颇得民心的总理，但德国民众有不少人对她处理难民危机的办法持有异议，她的民望在降低。

我出席了 9 月 16 日在布鲁塞尔举行的慕尼黑欧洲安全峰会。会议一开始，巴伐利亚州负责欧洲事务的国务部长在会议开幕式上问了这样一个问题："欧洲正在经历着严重的难民危机，造成这场危机的根本原因是什么？"许多欧美人士先后发言，对难民潮带来的复杂因素进行了分析，但没有人能明确回答出造成难民危机的根本原因。

我在会上发言指出，难民危机的根本原因是进入 21 世纪以来，美国及其盟国发动的阿富汗、伊拉克、利比亚这三场战争造成的。这三场战争把中东地区原有的脆弱平衡打破了，导致这个地区陷入长期的动荡、战争和冲突之中。

2003 年 2 月，法国希拉克总统与我有一次单独谈话。他告诉我："布什总统下决心要打伊拉克，我反对。战争解决不了问题，而且会带来灾难性的后果。"历史证明希拉克总统的判断是正确的。

为什么布什总统当时坚持要发动战争？那是因为他相信战争能解决问题。习近平主席指出："有些国家身体进入 21 世纪，但脑袋还停留在过去。”脑袋停留在过去，以为按旧时代的游戏规则办事能行，殊不知时代主题变了，游戏规则变了，战争解决不了问题了。

2015年10月26日，英国前首相布莱尔接受CNN（美国有线电视新闻网络）采访时承认，他曾积极支持小布什总统打伊拉克，现在看来错了。没想到把萨达姆搞垮后，带来了这个地区的大乱，打出了一个“伊斯兰国”。他承认他自己有责任，误信了错误的情报。

美国前总统老布什在他即将出版的家族自传《命运与权力》一书中，异乎寻常地点名批评当时小布什任总统时的副总统切尼和国防部长拉姆斯菲尔德过于强硬，害了他的儿子。他还批评他的儿子在2002年国情咨文中把伊拉克、伊朗和朝鲜列为“邪恶轴心”，他说：“历史将证明这些言论没有任何益处。”

我们都很清楚，政治家要公开承认错误不是一件容易的事情，为什么布莱尔首相要公开承认自己错了呢？老布什为什么要写书批评他儿子当年的重臣切尼和拉姆斯菲尔德呢？重要的原因是，在21世纪美国发动的三场战争造成的严重恶果正在越来越多地表现出来，证明用战争的手段来解决国际争端越来越行不通了。

2014年6月29日，阿布·贝克尔·巴格达迪自称为哈里发，将政权更名为“伊斯兰国”，并宣称自身对于整个伊斯兰世界（包括历史上阿拉伯帝国曾统治的地区）拥有权威地位。“伊斯兰国”成立之后，策划了各种恐怖袭击，绑架并杀害人质，引起了世界的公愤。

2014年9月22日，美国宣布对“伊斯兰国”实行空中打击，此后美国的盟国也参与了空袭。

2015 年 9 月 30 日起，俄罗斯空军开始对叙利亚境内“伊斯兰国”目标频繁出击。

美国及其西方盟国和俄罗斯都说在打击“伊斯兰国”，从道理上讲各方可以联合起来，形成统一战线，集中打击“伊斯兰国”。俄罗斯多次倡议成立反恐联盟，但美国不予响应。双方打击的目标不一样，相互之间的指责愈演愈烈。

11 月 24 日，俄罗斯一架轰炸机被土耳其击落，这是北约成员国的武装部队自 20 世纪 50 年代以来首次击落俄罗斯战机。俄土之间、俄罗斯与美国等西方国家之间的紧张关系骤然升温。

尽管双方都试图控制紧张局势升级，通过外交途径解决，但双方都讲了一些狠话。俄罗斯总统普京 11 月 25 日在接受媒体采访时警告说，俄方不能排除未来还会再次发生类似事件的可能性。如果类似情况再次发生的话，俄方必定会做出必要的报复行动。11 月 26 日，普京还说，在俄方看来，土方正蓄意把俄土关系推进“死胡同”。普京同时表示，他仍在等待土耳其方面就击落俄方战机一事的道歉，并与俄方商讨赔偿事宜。

针对普京的谈话，土耳其总统埃尔多安 26 日表示，“如果有一方需要道歉，侵犯我们领空的人才需要道歉，我们的飞行员和武装部队只是履行职责”。但此后的 11 月 28 日，埃尔多安对俄方战机被击落表示遗憾，希望事件不要继续升级，同时谋求在巴黎气候变化大会期间会见普京总统。

俄罗斯与美国等西方国家的紧张关系在持续；中东的大动荡看不到尽头。

单极与多极之争进一步凸显

在回顾2015年的国际形势时，亚洲基础设施投资银行（简称“亚投行”）问题是一个引人瞩目的问题。这不是一个简单的金融问题，而是单极与多极之争的反映。

2013年10月2日，习近平主席提出筹建亚投行的倡议。2014年10月24日，包括中国、印度、新加坡等在内的21个首批意向创始成员国的财长和授权代表在北京签约，共同决定成立亚投行。2015年6月29日，《亚洲基础设施投资银行协定》签署仪式在北京举行，亚投行57个意向创始成员国财长或授权代表出席了签署仪式。截至10月9日，共有53个国家正式签署《亚投行协定》。

2015年3月12日，在亚投行的筹建过程中，特别引人注目的是，英国在欧洲大国中率先作为创始成员国加入亚投行，这件事情对美国震动很大。继英国加入亚投行后，共有17个欧洲国家加入了亚投行，美国显得十分尴尬。

东亚地区是全球经济增长的中心，过去几十年，东亚经济的增长率约为全球平均经济增长率的两倍多。几十年的大发展使东亚成为全球经济增长的中心。然而东亚也好，亚洲其他地区也好，基础设施不足越来越成为明显制约经济增长的短板。中国倡议成立亚投行，就是为了弥补这个短板。

美国对中国倡议成立亚投行十分敏感，不仅自己不参加，还试图阻止其盟国参加。但美国的许多盟国没有听取美国的建议，自主决定加入亚投行。

2015年10月19~23日，习近平主席对英国进行了国事访问，受到高规格的接待。英国报刊评论称，英国试图同中国建立“特殊关系”。英国一向以与美国有“特殊关系”感到自豪，今天却要同中国建立“特殊关系”。

1991 年 12 月 25 日，苏联解体，两极体制寿终正寝，从此世界进入了一个走向新格局的过渡时期。过渡时期国际关系的主线是单极和多极之争。美国在苏联解体后成为全球唯一的超级大国，还想“再领导世界一百年”。美国要建立一个单极世界的意图十分明显。

但世界上许多国家不赞成单极世界，因为一方面世界走向多极是大势所趋，另一方面世界上越来越多的人认识到，一个多极世界可能是一个更加和平、更加民主、更加繁荣的世界。

2015 年，我去新西兰出席一次关于中美关系的研讨会，听到不少澳大利亚、新西兰朋友发言，他们希望中美两国关系继续向前发展,而不要走向对抗。他们强调他们不愿在中美之间选边站队。“不选边站队”是世界上许多中小国家的共同呼声。需知，澳大利亚、新西兰这些国家都是美国的盟国，作为美国的盟国提出不愿意选边站队，这是意味深长的。这说明在世界走向新格局的过渡时期里，一大批中小国家的独立性增强，不选边站队本身就是对世界走向多极化的支持。

全球经济需求疲软，经济增长乏力

国际货币基金组织预测，2015 年全球经济增长为 3.1%，与 2015 年 7 月份的预测相比，下降了 0.2 个百分点，比 2014 年低 0.3 个百分点。预计 2016 年全球经济增长将提高至 3.6%。

具体而言，发达经济体的经济增长在2016年将为2.2%。美国和英国的复苏最快，货币政策看来会逐步收紧，而欧元区和日本的复苏更为不确定。

国际货币基金组织预测美国2016年经济增长将升至2.8%。得益于石油价格下跌、宽松的货币政策以及金融条件的改善，欧元区经济温和复苏，2016年将增长1.7%。但各经济体的增长表现依然不均衡，预计2016年德国经济增长率为1.6%，法国经济增长率为1.5%，预计日本经济增长率为1.0%，新兴市场和发展中经济体经济增长率将为4.5%。

2015年日本经济第二、第三季度连续两个季度负增长，陷入了衰退。

全球经济增长乏力，从根本上说是由于需求不足造成的。如何应对需求不足成为全球经济中的头号问题。中国倡导的“一带一路”、丝路基金、亚投行就是针对需求不足而提出的。

我出席了11月1~3日在北京举行的第二届“读懂中国”国际会议，会见了美国前任财政部长萨默斯。萨默斯是在国际经济领域中最早指出“需求不足”的人士。我肯定了他发现了这个全球经济面临的大问题，同时告诉他，中国倡议的“一带一路”、亚投行、丝路基金就是针对全球需求不足而提出的。如果这些倡议能得以实施，那不仅中国会受益，全世界都会受益，然而为什么美国对于“一带一路”、亚投行、丝路基金如此保留？大概是误读了中方的好意。萨默斯表示赞成我的看法，称美方确实误读了。从全球范围看，要求加强国际合作、创造有效需求的呼声在提高。

展望2016年的国际形势，尽管国际形势变幻莫测，要准确地预测是困难的。但从目前情况看，有四点比较明显。

中东和北非地区持续动荡，应对恐怖主义成为国际社会面临的突出问题

中东和北非地区成为全球动荡、冲突、局部战争和仇恨的中心已有快五年时间了。全球大国在这里角逐，地区大国在这里争夺，阿拉伯与以色列的冲突在这里延续，教派仇杀在这里愈演愈烈，民族矛盾在这里爆发。因此，这个地区的大动荡、大搏斗不会在短期内结束。中东和北非地区的政治版图正在发生深刻的调整和变化。

2016年上述状况会继续成为困扰国际社会的难题，吸引大国外交的主要注意力。同时，中东和北非地区的动荡会继续给世界带来灾难性的后果，恐怖主义的袭击和难民潮就是其突出的表现。欧洲会继续是中东和北非动荡首当其冲的受害者。

2015年是恐怖主义袭击大爆发的一年，各国进一步认识到恐怖主义是人类的公敌。如何应对恐怖主义威胁将是2016年国际社会面临的突出问题，各国在应对恐怖主义方面的合作会进一步增强。

俄罗斯与美国等西方国家的紧张关系会持续

乌克兰危机使美国等西方国家与俄罗斯的关系跌入了“冷战”结束以来的低谷。美国等国对俄罗斯的制裁加剧了俄罗斯国内的经济困难，但俄罗斯民众对普京总统的支持有增无减。

围绕叙利亚危机，俄罗斯与美国等西方国家的矛盾在深化，双方对立的情绪在加深。美国总统奥巴马、德国总理默克尔、英国首相卡梅伦、意大利总理伦齐和代表法国总统奥朗德出席的法国外长法比尤斯，在2015年11月中旬于土耳其安纳托利亚举行的G20（二十国集团）领导人峰会期间举行了简短会晤，决定对俄罗斯的制裁再延长半年，即延长到2016年7月。

俄罗斯与美国等西方国家的紧张关系在2016年看不到转圜的可能。双方紧张关系的持续会增加解决叙利亚危机的难度。

亚太地区的争端会继续受到管控，中国对国际关系和全球经济的积极影响将进一步显现

展望全球，亚太地区特别是东亚是全球局势中的光明地带，也是全球经济增长的中心。对比中东、北非的动荡，欧洲面临的各种难题，亚太地区的经济增长对于全球而言显得更加珍贵。2015年亚太地区的紧张局势得到一定的控制和缓和。

2016年，尽管由于美国的因素，南海地区的复杂形势可能还会有一些曲折和变化，但从总体上看，这个地区的紧张有可能进一步降温。特别是随着中日关系的改善，南海地区行为准则的谈判加速，使这个地区的紧张局势得到进一步的控制，东亚地区的合作势头会逐步增强。

2016年9月4~5日，G20峰会将在中国杭州举行。这是中国第一次举办G20峰会，世界各国对这次峰会非常期待。2015年11月16日，习近平主席在G20峰会期间介绍了中方的打算，提出2016年峰会的主题确定为“构建创新、活力、联动、包容的世界经济”，受到各方的好评。

2016年杭州峰会定会给增长乏力的全球经济带来一股清风。特别是随着“一带一路”、亚投行和丝路基金作用的发挥，全球经济需求不足的现象会得到进一步的改善。需求增加了，就会增加全球经济增长的动力。

中美关系将经历一段困难和摩擦的多发期

2016年是美国的大选年，民主党、共和党在大选中的角逐争斗已经开始。2008年奥巴马竞选总统时，中国问题不是争论的焦点。然而今天则不然，从选战中暴露出来的情况可以看出，中国正在成为争论的焦点之一。在美国两党总统候选人的选战中，不顾事实地拿中国说事的情况越来越多。

在香山论坛上我会见一些美国的中国问题专家时，他们私下不无忧虑地对我说："今后两年可能是中美关系的多事之秋。中美双方如何携手合作共同应对，使中美关系不出大问题，成为一个摆在中美双方面前的共同课题。"

台湾问题是中美关系当中最突出、最敏感的问题。台湾当局的变数也在逐年增多。

鉴于此，2016年将是中美之间摩擦、矛盾的多发期。如何处理好这些矛盾和摩擦，成为中美双方外交上面临的重要课题。

尽管世界面临的问题还很多，但我们没有任何理由对国际局势的发展感到悲观。人民要和平、世界要发展、国家要合作已经形成了一股强大的时代潮流。不管今后代表旧时代的潮流如何顽强表现，新时代的潮流都是不可阻挡的。

四场“中国赛局”如何实现双赢

蔡　昉
中国社会科学院副院长

伴随着经济和社会的发展，居民收入水平持续提高，科学技术进步成果不断得到应用，产业结构优化升级，社会保障水平逐步增强，正是创新、协调、绿色、开放和共享发展理念的具体体现。

在劳动就业领域，我们所追求的各项目标之间存在着互为条件、相互配合的关系。如果不能协调好这些关系，预想的目标之间就会相互制约，甚至可能出现欲速则不达的现象。

具体来说，我们面临着四对重要的平衡关系，或者也可以看做是四场重要的一对一“赛局”。其特殊之处在于，竞赛双方不是非此即彼或非输即赢的关系，而是需要保持均衡进度从而实现双赢的关系。

作为“十三五”开局之年，自 2016 年伊始，我们就应该主动进入状态，努力争取这几场关键竞赛的双赢结果，从而保持中国经济的中高速增长，实现全面建成小康社会的宏伟目标。

工资上涨与劳动生产率的提高

中共十七届五中全会首次提出“两个同步”的要求，即居民收入增长和经济发展同步、劳动报酬增长和劳动生产率提高同步。一方面，我们要继续坚持“两个同步”；另一方面，对“两个同步”内涵的理解和重点的强调也应该与时俱进。

如果说在一段时间内，我们讲“两个同步”，重点在于强调居民收入增长或劳动报酬增长能够跟上经济发展或劳动生产率提高的步伐，目前则应该更加强调居民收入增长要建立在经济发展的基础上，劳动报酬的增长要建立在劳动生产率提高的基础上。

工资水平与劳动生产率之间的关系密不可分。归根结底，劳动者创造价值的能力，是劳动报酬增长的根本源泉和可持续性所在，没有劳动生产率的提高，工资增长就成为无本之木、无源之水。不仅如此，工资水平还与劳动生产率共同决定着企业、产业乃至国家的竞争力。

许多分析者往往简单地把工资绝对水平等同于影响比较优势或竞争力的成本因素，而忽略了劳动生产率在其中的作用。把两者结合考虑，决定比较优势或竞争力的一个关键指标是“单位劳动成本”，它与工资水平成正比，与劳动生产率成反比，即工资增长会提高单位劳动成本，而劳动生产率提高则会降低单位劳动成本。

显而易见，如果劳动报酬增长速度快于劳动生产率提高速度，单位劳动成本则会提高，与之相关的企业和产业的比较优势和竞争力就会遭到削弱。

以中国在2004年前后迎来“刘易斯转折点”为界，工资增长与劳动生产率提高之间的关系发生了趋势性的变化。以农民工的实际工资水平为例，2004年以前的十年中基本处于停滞状态，而此后则迅速上升，2004~2014年年均增长率为11%。与此同时，面对劳动力短缺现象，资本替代劳动或机器（人）替代工人的进程加快，导致资本劳动比迅速提高，资本报酬率下降，劳动生产率并没有同步提高。

根据世界大型企业联合会最新数据，中国劳动生产率的年平均增长率从2007~2012年的9.5%,下降到2012年和2013年的7.3%以及2014年的7%。

从短期来看，工资上涨快于劳动生产率提高带有一定的对历史补偿性质，但是，这种劳动生产率提高滞后于工资上涨的趋势持续下去，则必然导致单位劳动成本的上升。

据中国社会科学院人口与劳动经济研究所学术委员会委员都阳估算，由于工资的上涨速度快于劳动生产率的提高，中国制造业的单位劳动成本自2004年开始即呈提高趋势，至2012年已经上升了40%。

虽然日本媒体关于中国单位劳动成本已经超过日本的说法，目前还属于危言耸听或言过其实，但是，如果劳动生产率不能得到显著提升，中国单位劳动成本超过发达国家指日可待。

因此，要防止中国制造业比较优势过快丧失和经济增长过急减速，一定要遏制住单位劳动成本的上升趋势。工资水平和劳动生产率分别作为分子和分母，两端都有诸多可着力之处。

首先，我并不建议人为抑制工资的上涨，毕竟，目前的工资水平主要是依据供求关系变化在劳动力市场上形成的。但是，劳动力供给潜力尚未充分挖掘，例如，妨碍农民工稳定就业的户籍制度放大了劳动力短缺，无疑助推了工资的更快上涨。因此，类似户籍制度改革这样的举措，有助于从工资侧抑制单位劳动成本的上涨。

其次，通过改革提高劳动生产率的重要性，无论怎样强调都不过分。提高劳动生产率通常有两个途径：一是提高资本劳动比，但如果过度、过快提高则会导致资本报酬递减现象；二是提高全要素生产率，这才是劳动生产率提高以及经济增长的不竭源泉。通过消除制度性障碍改善资源配置效率，以及通过科技进步促进产业结构升级优化，都可以提高全要素生产率。

旧岗位的破坏与新岗位的创造

2012 年至今的经济增长减速情形，是伴随潜在增长率下降出现的结构性变化，是中国经济发展进入新常态的表现，主要不是周期性现象。由于实际增长率并没有低于潜在增长率，因而也没有形成增长缺口。

按照潜在增长率的定义和奥肯定律（用来描述 GDP 变化和失业率变化之间存在的一种相当稳定的关系），与增长潜能相符的增长速度，可以达到生产要素的充分利用，因而不会产生周期性失业。

事实上，中国的就业和失业等指标迄今保持稳定。然而，经济增长动力转换的过程，却是一个表现为创造性破坏的产业结构的调整过程。这种创造性破坏效应也会在新岗位得到不断创造的同时，损失掉相当一部分传统就业岗位。

经济史表明，岗位的消失与创造同时发生，是产业结构升级优化的必然结果，而对于进入经济发展新常态的中国来说，更快更剧烈的产业结构变化，也就意味着岗位的创造性破坏是不可避免的。在今后一段时间内，就业岗位会发生三种变化情形，可以概括为三种重新配置类型，分别带来相应的挑战。

第一，伴随着因生产率和竞争力差异产生的企业优胜劣汰和新老更替，工人也将经历一个重新配置即转岗的过程。即便这种转岗没有提出技能提升的要求，从离开旧岗位到找到新岗位之间往往有一个时滞，转岗工人将遭遇摩擦性失业。

第二，现实中，从旧岗位到新岗位的重新配置通常是产业结构优化升级的结果，往往对劳动者技能提出更高的要求。由于更新技能需要培训和学习的时间或长或短，因劳动者人力资本禀赋以及其他人口特征而异，在技能培养期间，劳动者可能处于结构性失业状态。

第三，产业结构的升级在造成旧岗位消失的同时，伴随着对传统岗位技能的需求减少，及至相关技能最终被废弃。经济史上此类现象不胜枚举，而新技术革命加速发生的今天，这种现象将愈益普遍。

面对新情况，政府应立足于改革，在以下几个方面着力。

第一，没有创造性破坏就没有产业结构升级优化，但是，对劳动者转岗的社会政策托底必须加强。劳动这个特殊的生产要素是以人为载体的，产业、产能、企业甚至岗位，都要通过创造性破坏以实现升级优化，对劳动者却不能简单地丢给市场竞争，采取听之任之的态度。目前占城镇总就业人员超过1/3的农民工是保护的重点。他们在劳动力市场上处于弱势地位，极少被纳入城镇低保，基本社会保险覆盖率很低，直至2014年年底，参加失业保险的比例只有9.8%。过去农民工以农业作为蓄水池，今后不再可行。为了防止农民工返乡带来的“逆库兹涅茨化”现象，即生产率提高速度放缓并伤害经济增长，在推进户籍人口城镇化率加快提高的同时，应加大对农民工群体的社会保护力度。

第二，通过教育和培训加快人力资本积累速度，化解劳动力市场上的结构性矛盾。无论从受教育年限还是从技能水平来看，中国劳动者群体的人力资本尚不适应产业结构急剧变革的需要，因此，人力资本积累不仅是一个长期愿景，更应该作为当务之急。目前农民工的受教育程度，尚不足以支撑他们进入新成长部门的岗位，亟待纳入转岗扶持和相应的培训体系。

第三，适应就业岗位的创造性破坏过程，劳动就业统计既要反映新岗位的创造，也要反映旧岗位的破坏，作为判断劳动力市场状况的充分信息。根据人力资源和社会保障部（2015）公布的数据，2014年城镇新增就业人数为1322万人。但是，从人口数据分析，这一年全国城乡新增经济活动人口仅为380万人。显然，这个新增就业不是净增数，即仅仅统计了岗位的进入，没有统计岗位的退出。另一方面，媒体和一些专家在强调就业压力时，往往渲染了一些产能过剩或资源枯竭型产业以及低效企业的岗位破坏，却没有对等地揭示新兴产业和新成长企业的岗位创造。类似地，新成长企业与退出企业的统计信息要同时提供，以便对照观察和做出精准分析。

机器人技术进步与人力资本积累

英国《金融时报》记录了一位美国工厂主的经历。这位企业家指着自己的车间说，这些制造过程以往都是在中国进行的，由于使用了机器人，我们将其从中国“偷”了回来，变成了美国制造。这与美国经济以及就业复苏的整体画面是一致的。这幅图画的另一面则是中国非熟练劳动者面临的“机器换人”挑战。

传统意义上的资本替代劳动，无论是表现为机器设备替代劳动者还是老一代机器人替代劳动者，由于资本报酬递减律的作用，过程通常是缓慢的和渐进的，得以与劳动者素质的提高相适应。但是，新一代机器人把物质资本与人力资本融合到一起，把操作技能与认知能力结合于一身，既必然替代操作一线的劳动密集型工人，也将逐渐替代智力密集型劳动者，因而打破了资本报酬递减律。特别是由于指挥机器人工作的芯片更新速度远远快于工人技能的转换，替代的来临和实现速度将大大快于以往。

2014 年，中国取代日本成为世界机器人第一大市场，进口量和生产量的增长也方兴未艾。据媒体报道，广东省政府宣布斥资 9430 亿元在未来三年推动包括“机器换人”在内的技术改造。假设目前珠三角地区一线工人年工资为 5 万元，政府预计投入的资金量足够雇用 1886 万人，即使按照近年春节后最大用工缺口 60

万人算，也可以满足未来数年的劳动力需求了。可见，这个雄心勃勃的投入计划背后，一定是在遭遇刻骨铭心的瓶颈制约的情况下，有着以下更强烈的动机和更长远的预期。

首先是多年招工难和劳动力成本提高的困扰。2004年中国最早显现的民工荒就发生在珠三角地区，此后遭受劳动力短缺和工资成本上升最严峻的也是该地区的外向型制造业企业。

其次是机器人技术突飞猛进发展的激励。传统的机器人本质上仍然是机器，但是，新一代机器人有了学习能力，“机器换人”的时间可能比任何人预期的都要来得早。

随着机器人技术的突飞猛进，我们面临的竞争不再来自于年轻型人口国家。一方面，机器人技术的发展很可能会显著缩小诸如印度和非洲这些具有年轻型人口结构国家的机会窗口。更重要的是，这些国家在劳动者教育水平上与中国仍然保持巨大的差距，短期内难以赶超。例如，在35岁这个年龄段上，印度人口的平均受教育年限（5.4年）比中国（8.8年）低38.7%。按照教育的发展规律，这个差距不是短期内可以得到填补的。

真正的竞争来自处于技术创新前沿、具有明显人力资本优势的发达国家。因为按照预期，机器人的发展及其成本的降低，将迅速消除任何国家享有的单位劳动成本优势，缩小国家之间在这方面的差异。换句话说，是科技创新能力和劳动力素质，而不是劳动力数量和工资水平，决定未来的制造业配置版图。

同样在35岁这个年龄段上，中国人口的平均受教育年限与美国（14.2年）的差距，同高出印度的幅度是一样的。所以，中国面临的挑战，归根结底不是那些劳动力成本低廉的发展中国家夺得就业岗位，而是面临着人力资本积累与机器人技术的赛跑。能否赢得这场竞赛，取决于人力资本改善的速度。

教育与培训应该从技能、认知能力和非认知能力等方面全面培养人力资本，因而需要了解各自的教育规律和经济学含义。

大量研究结果和共识表明，在教育必须培养的这三种能力中，职业教育和培训提供的技能培养，具有私人回报率最高、社会回报率相对较低，以及市场外部性相对较小的特点；与之相比，普通学校教育培养的认知能力，社会回报率提高，外部性增大，私人回报率相对降低；而主要靠儿童早期发展和学前教育培养的非认知能力，则具有最高的社会回报率、最显著的外部性、相对小的私人回报率。

因此，经济学家按照社会回报率或外部性排列，得出“学前教育—义务教育—高等教育—职业培训”这样的顺序。毋庸置疑，教育和培训体制改革应充分考虑这些规律，政府投入的优先也应据此排列。

填补养老金缺口与延迟退休年龄

老龄化是世界范围内的现象，越来越多的国家同时面临着养老保障制度可持续性和劳动力短缺的双重挑战。

中国老龄化速度几乎是世界上最快的，将在 2035 年之前处于加速老龄化时期。根据联合国预测，2020 年老年人口及其比重分别提高到 2.67 亿和 18.9%。如果这个趋势继续下去，2035 年两者分别为 4.42 亿和 30.8%。

事实上，虽然人口变化趋势具有相对稳定的特点，但是，人口预测也是经常调整的，特别是当生育率发生变化时。迄今为止，导致联合国对中国人口预测进行调整的影响因素通常是生育率的下调，而随着生育政策调整，特别是普遍二孩政策的实施，今后生育率可能会有一定程度的提高，因此，未来老龄化程度或可预期略有放缓。

暂且不考虑生育率变化的因素，如果按照 65 岁及以上的口径定义老年人口会有什么不同的结果。事实上，与 60 岁及以上人口定义的情形相比，到 2035 年，老龄化率可以降低 7.5 个百分点，老年人口数减少近 1/4。

正因为如此，鉴于中国养老保障制度的相对滞后，以及迄今为止仍然具有的“现收现付”性质，预期会随着老龄化的进一步加深，在财务和制度运行能力上日益捉襟见肘，因此中央提出了“渐进式延迟退休年龄”的改革目标。

由于目前维持养老保障制度的基础，完全在于尚有利的人口年龄结构，一旦抚养比大幅度提高，现行制度则难以为继。因此，无论是从保持养老保障制度的可持续性还是从增加劳动力供给角度方面，最终都不能回避这个目标。

以经济发展与合作组织（OECD）国家为例，2010 年男性平均退休年龄为 62.9 岁，女性为 61.8 岁。按照既有趋势估计，到 2050 年，OECD 国家男女平均退休年龄将达到 65 岁，即在 2010 年的基础上，男性退休年龄提高近 2.5 岁，女性退休年龄提高大约 4 岁。

但是，正如中央对这一目标的表述所显示，拟达到目标（延迟退休年龄）与实现手段（渐进式）具有同等的重要性。由于中国劳动年龄人口的受教育程度与年龄具有反比关系，即年龄越大受教育程度越低，在劳动力市场上的竞争力也越弱，他们的实际退休年龄事实上还显著低于法定退休年龄。如果不能通过教育、培训和就业政策调整，明显提高大龄劳动者群体的就业能力，提高实际退休年龄，延迟退休年龄的政策充其量只能解决养老金潜在缺口的问题，却不能达到增加劳动力供给的目的，反而把这个群体置于不利的劳动力市场地位。

因此，当前的政策着眼点不在于制订一个延迟法定退休年龄的时间表，而是针对大龄劳动者的人力资本特征，实施一个改善就业环境、增强就业能力，从而提高实际退休年龄的路线图。

哪种模式会胜出：中国或美国

弗朗西斯·福山

斯坦福大学高级研究员，民主、发展和法治中心主任，著有《政治秩序和政治衰败》

随着2016年的到来，一场发展模式，即促进经济增长战略的历史竞争已经上演。这场竞争的一边是中国，另一边是美国和其他西方国家。尽管这场竞争鲜为大众所知，但其结果将决定未来几十年欧亚大陆的命运。

大部分西方人都看到，中国增长大幅放缓，从最近几十年的每年10%以上降到现在的7%以下。中国领导人并未坐视不管，而是在试图加快从基于重型制造业的出口导向型、环境破坏型增长模式转向基于国内消费和服务的新模式转变。

但中国的计划存在着一个规模极大的外部维度。2013年，中国国家主席习近平宣布启动一项规模巨大的战略——“一带一路”，这一战略将改变欧亚的经济核心。“一带”由从中国东北部和西部开始，途经中亚，连接西亚、中东、南亚和欧洲的铁路组成；“一路”由一系列港口设施组成，以增加东亚海运量，将这些国家与“一带”

联系起来，让其能够实现商品的陆运，而不是像现在这样需要穿越两个大洋。

中国主导的亚洲基础设施投资银行（亚投行）在某种程度上就是为了给“一带一路”融资而成立的。2015年早些时候，美国拒绝加入其中。但“一带一路”工程的投资需求远远高于计划中的亚投行所拥有的资源。

事实上，“一带一路”是中国政策一个令人瞩目的起点。中国第一次试图向其他国家输出其发展模式。当然，中国企业已在过去10年中积极活动于拉丁美洲和撒哈拉以南非洲，投资大宗商品和采掘业以及将这些资源运往中国，用于所需的基础设施。但“一带一路”有所不同：其目的是发展中国之外国家的工业产能和消费者需求。中国并不采掘原材料，而是寻求将其重工业转移到较不发达国家，让它们致富并提高对中国产品的需求。

中国的发展模式不同于如今流行于西方的发展模式。中国的发展模式基于国家拉动的大规模基础设施投资——公路、港口、电力、铁路、机场等——这些基础设施有利于工业发展。美国经济没有采取这一“筑巢引凤”的路径。相反，近几年来，美国和欧洲的发展战略着重于公共卫生、妇女赋权和反腐等方面的大量投资。

这些西方目标都值得追求，但没有一个国家因为只投资于这些方面而成功致富。公共卫生是持续增长的一个重要基础条件，但如果诊所没有可靠的电力和清洁水的供应，或者没有状况良好的道路通往这些诊所，它们也起不了多少作用。基于基础设施的战略在中国取得了耀眼的成就，也是从日本到韩国、新加坡等其他东亚国家所追求的战略的重要组成部分。

国际政治未来的大问题显而易见：哪种模式会胜出？如果“一带一路”达到了中国计划者的预期，那么整个欧亚——从印尼到波兰——都将在未来一代中发生改变。中国模式将在中国之外盛开，这些国家将提高收入进而提高对中国产品的需求。中亚将不再是全球经济的边缘，而是其核心。

但有很好的理由质疑“一带一路”能否成功。到目前为止，基础设施拉动型增长在中国成效卓著，这是因为中国政府能够控制政治环境。国外未必如此，动荡、冲突和腐败可能会干扰中国的计划。

但这并不意味着美国和其他西方政府可以作壁上观。大规模基础设施开发战略也许在中国已经达到极限，在外国也许并不管用，但对于全球增长仍然至关重要。

20 世纪五六十年代，美国也曾进行过大规模的大坝和路网建设，后来这类工程逐渐冷却。如今，相对来说，美国在这方面无法向发展中国家提供多少帮助。奥巴马总统的“电力非洲”（Power Africa）是一个好计划，但启动非常缓慢。海地利贝泰堡港的建设就是一个彻头彻尾的失败案例。

美国本应该成为亚投行的创始成员国。现在美国仍可以加入其中，让中国与国际环境、安全和劳动标准更加契合。同时，美国和其他西方国家需要扪心自问：为何基础设施变得如此难以建设——不光是在发展中国家，发达国家也是如此。

全球经济转型之路

克里斯蒂娜·拉加德
国际货币基金组织（IMF）总裁

我真心为全球事务的现状感到忧虑。当下，难民纷纷涌入欧洲，显现出北非和中东当前政治经济上的紧张状态。但难民问题并不是一个孤立事件，全球各地还有很多其他冲突正在发酵中，导致近6000万人流离失所。

此外，我们也不应该忽略2015年是有史以来最热的一年，由于厄尔尼诺现象，气候灾害在太平洋地区肆虐扩散。

经济层面同样有担忧。美国加息、中国经济放缓，增加了市场的波动性，也使经济前景不确定性更大。全球贸易大幅下降，大宗商品的疲软也给资源型经济体带来不少难题。

除了由冲突和被迫迁徙导致的令人心碎的苦难外，还有不少人群由于经济错位和经济活跃度下降受苦：全球有超过2亿人失业，收入、财富不平等加剧，女性依旧在就业机会和薪酬方面受到不平等待遇。

情况可能变得更糟，但我们也不应该遗忘好的一面。我们刚刚从一场严重的金融危机中走出来，全球部分地区在这段时间内的表现还是相当抢眼的。例如，拉丁美洲的许多国家在过去20年中通过经济和社会改革，给成千上万的居民造就了更好的生活。非洲的进步世人也有目共睹，亚洲近年来在全球经济中所占的份额也不断上升，重要性与日俱增。

另一方面，这些增长岌岌可危，也因此带来疑虑。我一直在不断自问："当前的经济增长是周期性的还是结构性的，是否有更深远的影响？"这一问题不会有简单的答案。我们当前无疑正处在一个非常困难而又复杂的关键时刻。

然而，我想要传达的信息是，通过正确的决策、强有力的领导和全球合作，这些困难都是可以管控的，例如20世纪70年代和80年代的石油危机、布雷顿森林体系解体、苏联刚刚解体时面临的各种问题，等等。

当然，当前的世界已变，具体的挑战也已变为人口压力、气候变化、环境恶化和其他许多更加严重的问题。但在过去我们所面临的不确定性和风险不比现在少，而在关键时刻，政策制定者们总是能够引领全球经济恢复正常。这次也不例外。

秘鲁的诺贝尔文学奖得主巴尔加斯·略萨曾说过："不确定性就像是一朵雏菊，它的花瓣永远都摘不完。"

我试图通过自问三个问题，来摘掉其中部分的花瓣。这三个问题是：我们当前的情况如何？我们该如何应对？我们能实现什么？

我们当前的情况如何

2015 年的全球经济展望数字即将出炉，可以预见全球经济增长将会比 2014 年放缓，2016 年也仅会有小幅上升。

好消息是发达国家经济已经开始温和复苏。欧元区的温和复苏正在加强，日本经济也开始朝着积极的方向发展，美国、英国的经济活动保持活跃。

坏消息是新兴经济体的经济增速有可能连续第五年放缓。印度情况还比较乐观，中国由于要对此前的出口导向型增长模式进行再平衡，增速放缓。俄罗斯、巴西等国面临着严重的经济困难。拉丁美洲国家的整体增速大幅放缓。此外，许多容易受到外界环境影响的低收入国家，经济活动也很疲软。

在全球层面，缺乏金融稳定性依旧拖累了整体经济。虽然近些年取得了一些进展，但许多国家的金融机构依旧羸弱，新兴市场的金融风险也在不断上升。

综上所述，我们发现全球发展是令人失望并且不均衡的。中期经济发展前景的预期也在变弱。我在一年前提出过“新平庸”——经济长期低速发展——日益临近。

为什么呢？因为潜在增长受到生产率低、人口老龄化、金融危机遗留问题等拖累。高负债率、低投资率、弱势银行持续给发达经济体造成压力，许多新兴经济体也正在从后危机时代的信贷和投资繁荣中进行调整。

全球经济前景还受到许多主要的经济转型，以及随之而来的溢出效应的影响。其中两个转型尤为值得关注，即中国向新增长模式转型和美国货币政策的正常化。

这两个转型本身都是很必要也很健康的，对中国、美国和世界都有利。其中的挑战在于，如何尽可能有效、平缓地推进其进程。

中国的转型才进行到一半。中国正试图通过结构性改革提升收入和生活水平。这些改革将带来更缓慢、更安全、更可持续的经济“新常态”。新的增长模式将更加依赖消费而不是投资，更加依赖服务而不是工业生产。

转型还会给中国带来一个更加稳定、更加市场导向型的金融体系。换言之，中国领导人当前需要在推进艰难的改革和维护金融稳定间达成微妙的平衡。

这些重要转型可能会通过贸易、汇率、资本市场、资金流动等形式造成外溢效应。近期，外溢效应已经初显，投资者对中国经济放缓的担忧，让大宗商品市场承压，使不少大宗商品出口国的货币贬值。大宗商品市场的低迷已经持续很久，政策制定者们要设法管控好这一变化。

第二个令人担忧的转型为美国货币政策正常化。此前低利率曾鼓励了股票、国债、公司债领域的一系列套利行为。因此美联储当前也面临着在如何推进货币政策正常化的同时，将市场的波动降到最低水平的问题。

虽然发达经济体之外的国家对于利率上升的抵抗力高于过去，但我还是担心其应对冲击的能力。新兴经济体此前以大胆的反周期财政、货币政策应对全球金融危机，由此成为世界经济发展的引擎。过去五年，全球经济增长的 80% 来自新兴经济体的贡献。

但与此同时，新兴经济体私营部门的杠杆率不断提升，许多国家的负债水平上升，其中不少债务还是以美元计价的。

因此，美国利率上升以及美元更加强势，可能会带来公司违约，以及公司、银行、主权国家间的恶性循环。在此种背景下，新兴经济体先发制人的政策管理显得尤为重要。

我们该如何应对

虽然当前的转型面临着经济下行的风险，但通过促进需求、维护金融稳定、实行结构性改革等方法，这一风险是可以管控的。

大部分经济学家肯定会认同这些“治疗方法”，但我想要更加确切详细地给出建议。为了应对当前的挑战，我们需要升级政策努力。“升级”指什么？

在需求方面，大部分发达国家需要调节货币政策。所有发达经济体在制定政策时，应兼顾其外溢效应，也需要保证非常清楚地传达政策。这两点是政策升级的重中之重。

欧元区需要处理好总量达到9000亿欧元的不良贷款。这是金融危机的主要遗产之一。通过解决该问题，银行将能够增加对公司和家庭的信贷供应量，加强宽松货币政策的效力，提升经济前景，促进市场信心。

新兴经济体需要增加对大公司外汇敞口的监控，也需要通过宏观审慎工具确保银行对于不断增长的公司杠杆和外债有更好的弹性。这将有助于金融稳定，降低公司、银行、国家间出现恶性循环的风险。

在全球层面，需要加速推进监管改革，尤其要提升非金融部门或影子银行的透明性。另一个主要需要升级的领域是建立起系统性、全球性的金融机制。

在财政方面，各国需要采取尽可能具有弹性、有利于增长的财政政策。IMF 建议发达国家采取财政刺激手段，增加在高质量基础设施方面的公共投资。

大宗商品出口国如果有政策空间，可以适当调低出口商品价格。其他方法包括推行税收改革、能源价格改革等有利于增长的财政再平衡措施。这些国家也需要重新设定投资重点，以此保护脆弱人群的利益。

例如哥伦比亚、挪威、博茨瓦纳等大宗商品出口国，此前利用大宗商品繁荣的机会，建立起有效的对抗冲击的财政框架，从而让他们在面临财政调节时有更大空间。这值得其他大宗商品出口国借鉴。

最后，所有国家都需要升级其经济结构。这可以通过在劳动和商品市场、基建、教育、健康、贸易等领域的改革来实现。

我们能实现什么

另外，也许是最重要的问题是：我们能实现什么？

提出政策建议当然很容易，但落实的环节也需要娴熟而机智的决策，特别是在当下低增长和高度不确定性并存的时期。此外，这些政策不应仅在国家层面施行。当前的许多事务，例如气候变化、贸易、迁徙、全球金融安全网，都需要全球通力合作。我很高兴地发现这一精神在近来的许多事件中得到了体现。

IMF也会在其中扮演好自己的角色。我们一直在分析会影响成员国的经济问题，并给成员国政策建议。我们致力于解决国家和全球层面的增长和经济稳定问题。鉴于我们的成员国正面临着转型挑战，我们也在不断改进强化对于成员国的支持，以适应新形势。

具体体现在：

其一，更加迅捷。对于管控短期风险和外溢效应给予建议，分析经济体间的关联性。

其二，更加统一。在我们目前的项目制定和风险评估中，更多地考虑宏观金融关联性。对于那些关系到可持续性增长的关键事务，例如不平等、普惠金融、气候变化等，也给予了更多关注。相关政策将有利于完成“后2015”可持续发展目标。

其三，会员中心制。加强对特定国家的资助，同时帮助协调跨国家问题。事实上，我发现这是目前最受成员国推崇的方面之一。

综上所述，我建议尽早推行2010份额和治理改革（the 2010 Quota and Governance Reforms），来适应成员国正在发生的动态变化，并保证IMF当下和未来有足够资源满足成员国的需求。事实上，这也是构建全球金融安全网的核心内容。

（本文根据作者2015年9月30日在华盛顿参加智库活动时的演讲整理）

亚投行已做好准备

金立群

亚洲基础设施投资银行行长

亚洲基础设施投资银行（简称“亚投行”）的历史性启航可谓万众期待——理应如此。开张大吉后，亚投行将加入多边金融机构的大家庭，支持亚洲的全面经济和社会发展。可靠而可持续的基础设施投资能带来更好的发展成果，改善亚洲人民的生活和生计，并为世界其他地区带来积极的溢出效应。

在过去一年中，我和来自世界各行各业的人士会面交流，常常有人请我解释为何还需要再成立一家多边开发银行，以及亚投行和世界银行或亚洲开发银行的区别在哪里。

答案显而易见。亚洲在国际舞台上的角色和重要性与日俱增，但该地区面临着严重的基础设施缺口和瓶颈。亚洲基础设施投资需要指数型增长，而亚投行的资源绝对能够增加可用的多边资源总量，有助于满足这些需要。

此外，亚投行有充足的空间帮助其成员国实现公路、铁路和港口现代化；提升电力普及度；扩大通信服务；改进城镇规划；提供清洁水和环境卫生服务。我们能出色而又正确地完成这一任务。我们能与其他机构合作完成这一任务，成为可靠的互补发展伙伴。

亚投行创始成员国有着清晰的管理愿景：我们将设立一个明确的、高门槛的组织表现和治理方面的标准，坚持开放、透明、问责、独立的核心机构原则。

我们的章程规定了亚投行管理层的直接问责制，以确保这些原则能实现价值而不仅仅是口号。我接受这一挑战，并将坚定致力于创造植根于最高原则和道德标准的机构文化。

我们如何实现这一点？在起草亚投行协定条款和政策框架时，我们与多样化的国际专家组合作研究了现有多边机构和成功私营公司的经验。我们与股东进行了多轮技术探讨，以确保亚投行的贷款活动和内部经营反映其所有者的目标和愿望。我很有信心，亚投行的政策基础达到了世界级标准。现在我们正在招聘顶级管理团队和专家团队以确保政策的有效实施。

在履行使命时，我们的股东将看到亚投行从历史中吸取经验，并认识未来的可能性——以不同的方式做不同的事。亚投行的一些卓越特征将有助于这一点。

首先，亚投行独特的所有权和股东结构体现了该机构的地区特征，也让成员国能够在政策方向和决策方面发出更大的声音。创始成员国在制定亚投行协定章程和政策框架过程中进行了大量对话，这证明了我们的股东对亚投行的使命与任务有着坚实的掌控权和坚定的承诺。

其次，亚投行的组织结构、人事弹性和高效的决策过程使它能够灵活地响应客户需求。我们的研究方法将是选择性和战略性的，我们的以结果为焦点的业务模式使我们能够提供一流的知识和量身定制的金融服务。

亚投行将起到催化剂作用。我们将利用和动员公共和私人部门融资，包括来自机构投资者的资金，并通过促进公平、效率和坚守得到承认的标准（包括环境和社会标准）帮助客户增强项目的“银行可融资性”，从而降低风险。

亚投行的集成式组织设计和治理将确保它能够根据其战略目标和组织价值实现效率高、效果好的经营。亚投行不设常驻董事会，这有助于问责、效率和成本效益比，同时加强其在制定战略、推行政策和实施监管方面的作用。

最终，亚投行的名声和信誉将取决于其员工的能力。我们将通过任人唯贤的竞争流程在市场上招聘人才，不会对申请者的国籍加以限制。类似地，亚投行融资业务的商品采购和服务采购也不会有国籍限制。

我们的经营将是精益、清洁、绿色的。这意味着我们将抑制官僚主义，保持相对扁平的组织结构，管理好成本并有效利用现代科技，避免叠床架屋。亚投行将逐步构建其专业团队，以专业化的咨询技能来补充内部专业知识。工作岗位将谨慎设置，以避免人手不足和未来冗员。

这还意味着培养基于职业诚信和典范式治理的机构文化，对腐败零容忍。纸面上的政策再完美也没有意义，必须严格、公正、透明地实施这些政策。

最后，这意味着关注可持续性。亚投行在项目的确定、准备和实施过程中都将遵守可持续发展原则。环境和社会风险与影响管理是获得成功发展成果的关键。我们将通过知识、经验和资源支持我们的客户合理管理这些风险。

亚投行是一家位于需求巨大地区的大有前途的机构。我有十足的信心相信它能够实现潜力，满足——并力求超额满足——其股东所制定的目标和标准。

人民币加入 SDR：未来 9 个月的检验

2015 年 12 月 1 日注定要被写入世界金融史册。国际货币基金组织董事会会议通过把人民币纳入 SDR（特别提款权）货币篮子。人民币紧随美元和欧元成为第三大储备货币，在篮子中占比 10.92%。

朱 民
国际货币基金组织
（IMF）副总裁

这是一个历史性的事件。在国际货币基金组织的历史上，还从未把一个发展中国家的货币纳入到世界顶级的货币系统中。在会议上，很多董事在发言开始时就说，今天将是一个历史性时刻，他们很高兴有机会参与到会议讨论并见证这个历史。董事会对人民币加入 SDR 的技术报告给予了高度评价，在经过全面、仔细、认真的评估后最终得出结论：人民币满足了贸易的标准，也满足了自由使用的标准，建议董事会把人民币纳入 SDR。董事会对中国政府和人民银行在过去的一年里密集地进行一系列改革给予了高度赞誉。因为人民银行的改革有助于人民币加入 SDR 后更加有效地运行。由此，董事会决定，让人民币加入 SDR，这是一个很重要的历史时刻。

人民币加入 SDR 是 IMF、世界和中国的共赢

对 IMF 来说，人民币加入 SDR 更加大了 SDR 的代表性和平衡性，使成员国在使用 SDR 的时候有更平衡的风险规划，也给了成员国更多的选择。这就代表了 SDR 这个国际货币基金的计量单位更广泛的国际性和代表性，也代表了国际基金货币组织本身治理机制的重要改革，所以这是 IMF 的胜利。

这是国际经济金融界的胜利，因为国际金融市场历来都关注和欢迎中国的人民币加入国际金融体系。在这样的情况下，人民币加入 SDR 有助于国际金融市场的深化和发展，有利于开发出更多以人民币为计价单位的产品。这对全球金融市场多元化的深化发展有积极的意义。人民币加入 SDR 之后，国际地位得到提高，这对于全球建立金融安全网也有帮助。中国是世界上最大的外汇储备拥有者，已经成了最大的资本输出者之一。人民币加入 SDR 后也有利于 SDR 更好地帮助建立国际金融网，所以这是世界的胜利。

人民币加入 SDR 是中国的胜利，因为通过 SDR 把人民币带到了国际金融舞台的中心，这是一个重要的、历史性的发展和变化。在已有的中国经济发展过程中，中国的经济、贸易走在前面，中国的金融国际化还是落在后面，而人民币加入 SDR，提高了人民币的国际分量，这是非常重要的。以往的很多经验和教训都告诉

我们，在一个国家的金融改革和深化过程中，如果只有微观的金融产品、市场和监管的改革，而没有宏观的金融框架和货币政策改革，包括利率、汇率政策以及整个货币体系改革，市场的风险会很大。人民币加入 SDR，中国对货币的政策和体系进行了根本性的改革,这为中国金融改革和经济发展奠定了良好的基础。所以，这是中国的胜利。

可以预见到，人民币加入 SDR 之后，国际上对人民币的需求会上升，特别是对人民币产品的需求都会进一步发展。国际上对人民币产品市场的深化和发展都会反过来进一步推动国内人民币产品和市场的深化和发展。所有这一切都会极大地推动和发展中国金融市场，都会加快金融市场国际化发展进程。

所以人民币加入 SDR，是中国、IMF 和世界的共赢。整个事情最早起源于中国政府战略性的决策。中国政府充分认识到过去五年里中国经济强有力的增长和国际地位的提高，充分意识到人民币国际化的迅速发展，充分认识到这是中国金融改革进一步发展的需要。

IMF 每五年都会对 SDR 进行一次例行评审，2015 年评审开始的时候，中国抓住这个机会，正式向 IMF 提出要求，要求这一次把人民币纳入审议的范围之中，这是一个具有战略眼光、高瞻远瞩的决定。中国政府的决定传给了 IMF，IMF 给予高度重视并组织了跨部门的团队，从财务到研究，从统计到政策和法律，对人民币进行了全面深刻的考评。对 IMF 来说，用数字和技术说话是很重要的，要用大量的数据判断人民币是否满足加入 SDR 的标准。

其中也包括了人民币在外汇储备中的地位。由于人民币还是不可兑换的，国际官方所持有的以人民币计价的外汇资产的比重都要重新开始计算。比如在外汇交易的时候，是用国际清算行的数字，还是用 SWIFT（国际资金清算系统）数字？数字的差异都需要辛苦地归纳和整理。因此就要仔细地找数据，把数据拼起来进行模型的测试和分析，这也是一个很繁重的工作。

与此同时，IMF 也做了一个很重要的分析和假设：假设人民币届时能够加入 SDR，是否能够满足 SDR 所需要的经营要求。为了达到这个假设的要求，IMF 和人民银行进行合作，拟定了一系列对人民币进行深化改革与发展的政策和步骤。人民银行在过去的一年里，大刀阔斧地推进货币政策改革，周小川行长多次指出人民币改革对中国金融改革和中国经济发展的重要性，并从四个方面扩大了准入。

第一，允许国外官方机构和财富管理基金等进入国内银行间债券市场，建立外国公司在中国头寸的汇集，扩大了 QDII（合格的境内机构投资者）和 RQDII（人民币合格境内机构投资者）、沪港通等一系列内容，加大了对准入的开放。第二，在利率的改革上，经过多次贷款利率改革，最终在 2015 年 10 月取消了存款利率上限，使利率完全市场化，这是 SDR 经营的重要方面。第三，在汇率的改革方面，把汇率更多地交给市场，最终落实到有浮动的汇率管理制度上，满足 SDR 要求。第四，增强了透明度。中国明确宣布加入 SDDS（IMF 数据公布特殊标准），提高中国统计的国际标准；同时，向 IMF 报送外汇储备方面的信息，大大提高了信息和资料的透明度。与此同时，财政部预计发行三月期债券，为人民币未来的计价建立了基准和基础。这一切加在一起，使人民币成为一个加入 SDR 后可以操作的货币。

董事会对于 IMF 的报告给予了高度的赞誉。报告认为，人民币满足了加入 SDR 的两个基本标准：贸易和自由使用。董事会对人民银行和中国政府在过去一年以及改革开放 30 多年的一系列政策给予了高度的赞扬，同意人民币加入 SDR。

往前看，我们为人民币的实际运营加了 9 个月的准备期，这很重要。SDR 的标准并不与人民币进一步资本账户开放和人民币可兑换挂钩，SDR 本身也对汇率水平的波动没有硬性的规定和预测。但是 SDR 要求在今后的 9 个月里，把人民银行已经在做的改革制度化、系统化，并且在实践中运营和检验。人民银行在第一时间表示，将继续推进改革，继续维持汇率体制的稳定，并且继续完善货币体系和汇率体制，以使人民币在 2016 年 10 月 1 日能够正式以 SDR 的一部分在市场上进行运营。我们对 2016 年 10 月 1 日人民币正式进入 SDR 并运营有充分的信心，这确实是一个重大的历史时刻。

第二篇
世界格局

中英开启黄金时代

乔治·奥斯本

英国第一内阁大臣、财政大臣

自从5年前加入英国政府以来，我与首相大卫·卡梅伦一同为加强中英间的关系而努力。2015年是具有里程碑意义的一年，这一年开启了中英两国关系的黄金时代。2015年的历史性事件当属习近平主席10月对英国的出访。这也是中国领导人10年来首次访问英国。而我的个人大事件当属9月对中国进行的访问。

20年前我首次到访中国时还只是个学生背包客，从那以后我就对这个国家深深地着迷。当时，上海的人口为1300万，中国一年的经济总量约为5000亿美元。现在，上海的人口数量已翻倍，中国的经济总量也达到我上次访华时的20倍之多。这一迅猛增长态势并不仅仅出现在中国的几大历史文化名城，而且弥漫了整个中国。最好的例证便是中国的新国际都市天津和广州，这两座城市20年前还不为外界所熟知，而现在其人口已经赶超伦敦、巴黎，甚至纽约。

2015年早些时候，我在为期一周的第七次中英经济财金对话上亲眼见证了中国的转型。这次跨越5000英里的访问给我的最大收获是首次看到了位于“一带一路”中心、具有潜在发展空间的中国乌鲁木齐。中国经济的巨大规模及潜力将在未来数十年间继续成为全球经济增长的关键驱动力。在过去20年里，中国经济体量已经超过了日本、印度和巴西的总和。到2030年，有人预计中国将成为世界上最大的经济体。

我真诚地希望英国能够成为中国在西方最好的合作伙伴。我们已经一起取得了许多成就，英国比起其他欧洲国家吸引了更多的中国投资。此外两国的合作还带来了26.5万个工作机会。我们也努力推动中国人民币国际化进程，发展伦敦成为人民币国际业务的西方中心。2015年最大的成就是，我们看到中国政府在伦敦发行了首支离岸主权债券。但是我们能做的还有更多。为此我们已经设立了新的目标，并要在下个十年到来前，使中国从目前第六位跃升成为英国在全球的第二大出口国。我希望促进中国在英国的投资，我们的新基础设施研究院也将向中国基础设施公司提供咨询服务。我期待推进两国的金融合作计划，建立两国股市联通桥梁，在既有的基础上，加强英国北部和中部的经济引擎与中国之间的联系。

在确保中国在国际舞台上发挥更多作用方面，英国扮演了重要的角色。这就是为什么英国踏出大胆的一步，成为首个表态加入亚投行的西方国家。这也是为什么我们一直强烈支持中国在国际货币基金组织中更好地发声，以及支持人民币与英镑一样，加入特别提款权（SDR）货币篮子。

我很高兴能够在未来的12个月内再次来到中国参加由其主办的二十国集团（G20）峰会。我们在2013年支持中国成为G20的主席国，我相信在中国的领导下，G20峰会将继续为解决眼下的困境发挥作用。我十分确信，我们两个伟大的国家可以成为彼此强劲的伙伴。英国将会努力成为中国在西方最好的伙伴。我也希望中英两国之间的联系可以为下一代人带来变革。

危机中的欧洲呼唤团结

让－克劳德·容克
欧盟委员会主席

站在2015年年末，回首这一年，“欧洲团结”听上去有些过于戏剧性，但经受住了也许是“二战”结束以来最严峻的考验。

在2015年大部分时间里，希腊危机严重地考验了欧洲团结，危机的经济和社会影响在欧元区和整个欧盟中仍然能够感受到。2015年伊始，关于希腊的谈判就在试探我们所有人的耐心。我们失去了很多时间和信任。令人目瞪口呆的话不绝于耳。我们看到欧洲民主国家相互作对。

欧洲在集体凝视深渊。看到了棺材，我们才懂得让步。最终，欧盟成员国与希腊站在了一起，实施并兑现了承诺，新的计划已在进行中。欧洲团结胜出，信任开始获得重塑。现在的关键是实施改革，欧盟委员会继续在新的结构改革中支持希腊，并在这个依然长路漫漫的征程中为它提供技术援助。

与此同时，欧洲团结仍在经受难民危机的考验。2015 年早些时候，欧盟委员会提出了一个全面的移民政策，并立刻采取措施管理危机。我们将地中海的人手增加了两倍，帮助难民。我们打击了走私贩和“蛇头”的犯罪网络。对于那些急需国际保护的人们，我们同意让各成员国共同分担，以彰显我们的团结。

现在，我们已开始安置来自欧洲之外的难民，并与地区内关键国家土耳其密切合作。我们还与非洲建立了新的伙伴关系以解决移民问题的根源。欧盟机构继续帮助负担过重、受影响最大的成员国政府识别、录影和登记到来的移民，加快寻求庇护者的处理过程，协助遣返不符合条件的申请者。

如果说欧盟有足够的方法对付麻烦，那么现实要更遥远一些。我仍不明白为何兑现最高政治层面所做出的承诺如此困难。

比如，我们举行了一次又一次峰会，领导人纷纷表示会派遣边防力量帮助希腊保护其边境，或者提供金融援助帮助约旦、黎巴嫩和土耳其应对大量难民。峰会有时持续数周，却没有实现任何目标和兑现任何承诺。相反，我们忙于在欧盟内互相指责和忙于看谁的底线低。各国政府纷纷调整难民政策，使本国的吸引力不如邻国；而左翼和右翼政客的煽动只能带来愤怒，不能解决任何问题。

我们应该对欧洲增加一些信心，相信欧洲有能力拿出集体方案。这是欧盟国家处理难民问题的共同标准，能创造一个公平的体系，防止人们从一地结队涌向另一地。类似地，欧洲边境和海岸警卫队不应依赖个体国家的意愿或政治机会取得资源，这能让我们重塑秩序并有效管理欧盟外部边境。

欧洲团结必须取得胜利。2015 年 11 月发生的巴黎恐怖袭击事件是对欧洲生活方式的袭击。但我们不会承认失败。我们不会屈服于恐惧。我们不会混淆十恶不赦的罪犯和逃离战乱的难民。

欧洲是我一生所爱，这是勇气之洲，是高贵民族。这是全世界公认的安全和正义之地。我们不会辜负这一名声。我们将表现出我们的坚韧。

欧洲一体化是一项多面而又复杂的事业。我们不可能从一开始就找对门路。但如果要用一个词来形容欧洲，我认为是“毅力”。团结起来的我们比任何挑战都要强大，在试图分裂我们的力量面前，欧洲将不会动摇。2016 年我们不会屈服，欧洲终将繁荣昌盛。

TPP 不会取代 WTO

2015 年 10 月，美国与亚太各国就“跨太平洋伙伴关系协定”（TPP）的谈判达成一致。这份“雄心勃勃”的贸易协定对于中国以及现有的世界贸易组织（WTO）体系意味着什么？

《第一财经日报》记者专访了当年参与中国加入 WTO 谈判的美方总谈判长巴尔舍夫斯基（Charlene Barshefsky）。巴尔舍夫斯基认为，WTO 不会被 TPP 取代，TPP 对中国的影响在一段时期后会比较明显。

巴尔舍夫斯基
美国前贸易代表

TPP 可促进中国进一步改革

第一财经日报（以下简称“日报”）：TPP 初步协议达成，被称为“21 世纪的贸易协定”。与 WTO 相比，它为什么如此特别？

巴尔舍夫斯基：TPP 协议内容并没有完全被披露，但是它在投资、服务、劳动力、环保问题等方面涵盖的内容超过 WTO。TPP 在关税方面比 WTO 走得更远。在 TPP 的自由贸易框架下，所有的关税都被取消，但是 WTO 并不是这样的。

日报：TPP 协议的达成对于 WTO 成员国，特别是对于中国来说意味着什么？

巴尔舍夫斯基：这个新协议制定了新的成员国标准，覆盖了世界 40% 的 GDP 总量，比 WTO 的覆盖面更广、更深入。虽然这个协议设定了许多比 WTO 高的标准，但是中国要采取的改革措施也比 WTO 要求要高。也许中国再度审视加入 TPP 协议的话，会得出这样的结论：协议可以促进中国进一步推进改革。

日报：中国在加入 WTO 之后经济发展迅猛。目前中国并未加入 TPP 协议，所以很多论调担心，中国会被孤立于世界新的贸易体系。

巴尔舍夫斯基：中国没有加入 TPP 确实有可能造成中国无法享受其他 TPP 成员国能够享受的好处。这可能会对中国经济产生一定的不确定性，但这种影响不会马上产生，而是过段时间才能看到，因为许多 TPP 条款是慢慢完善的。

但是，我相信中国也会非常聪明，会仔细研究这些条款，研究怎样与这些条款产生联系，减少可能造成的负面影响。中国的政策制定者也会让他们的经济改革与 TPP 的规定更加一致，或者不与这些条款产生冲突，也可能会采取更多的改革措施来达到这个更高的标准。

TPP是另一个维度的贸易关系

日报： 您认为WTO会被这个协定取代吗？

巴尔舍夫斯基： 不，我觉得WTO系统还会保留。很多贸易协定都是以WTO为衡量标准，包括TPP、美欧正在谈判的“跨大西洋贸易与投资伙伴”（TTIP）。鉴于WTO的标杆作用，对于很多国家来说，为什么我们不能超越这个标准呢？因为WTO的多哈回合谈判已经失败。所以我希望TPP协议可以促进其他国家，包括中国进行全球贸易自由化。

全球贸易的增长最近几年远远落后于全球GDP的增长，这非常不寻常。通常贸易增长率比GDP增速要快，但是现在贸易增长率只有全球增速的一半。贸易增长是世界收入增长的重要来源，也是经济总体增长的重要来源。所以如果贸易增长放缓，全球经济增长也会受影响。所以我希望TPP能够刺激一些国家进一步使经济自由化、现代化。这样才有希望带动贸易增长，从而使全球收入增长。

日报： TPP协议会对日本经济产生什么影响？

巴尔舍夫斯基： 日本一定认为TPP对他们有很明显的帮助，会促使其经济变革，日本需要这样的变革和现代化。TPP会使日本对其他亚洲国家以及对美国的出口都会增加，所以日本肯定会受益。

此外，越南也会特别受益，因为它的经济更需要现代化。在一个零关税的环境里，越南中低端的制造业在亚洲和美国都极具竞争力，会是TPP的大赢家。

日报： 目前，中国已经跟超过一百多个国家签订了贸易协议，美国与70多个国家签订了贸易协议，TPP与这些中美各自的双边贸易有何不同?

巴尔舍夫斯基： 这种双边协议和TPP很不一样。它们可能被称作自由贸易，但是世界上大部分自由贸易协议都仅仅是关税协议，不涉及非关税壁垒和敏感产业。但是TPP完全不同，它是为了参与国经济的重新构建而专门设计的，目的是彻底改变现有的贸易体系。

TPP覆盖了所有的商品、投资、劳动力、服务等更广泛的内容。之前大部分的双边协议所涉及的内容都不够深入，TPP则是另一个维度的贸易关系。

全球经济小型再平衡

2016 年世界经济将会怎样？

标准普尔全球首席经济学家施尔德（Paul Sheard）在接受《第一财经日报》专访时表示，2016 年全球经济将继续复苏并出现一些再平衡。其中，全球经济增长会与 2015 年持平，约在 3.5%。全球经济会经历一个小小的再平衡：中国增速放缓，发达国家增速加快。

施尔德
标准普尔全球首席经济学家

美联储加息影响刚开始

第一财经日报（以下简称“日报”）： 美联储 2015 年 12 月在近 10 年来第一次加息。现在普遍认为 2016 年美联储会加息 3~4 次，这将产生怎样的影响？

施尔德： 因为美国经济增长比较稳健，美联储可以加息。作为世界上最大的经济体，美国的经济已经越来越好，对于新兴经济体会产生一些后续影响。但是目前世界各主要市场对美联储加息的反应比较平稳。

日报：阿根廷的货币大幅贬值，这是因为美联储加息的影响吗？

施尔德：阿根廷刚刚更换了政府，新政府正在进行经济改革，包括汇率政策。阿根廷的货币需要贬值来反映真实的价值。

日报：您认为这和美联储加息是巧合吗？

施尔德：至于阿根廷是否选择美联储加息这个时间节点来进行汇率改革，这是阿根廷政府的问题。阿根廷的货币贬值主要是因为其官方的经济政策，与美联储加息的关系不是很大。

日报：美国在过去两年中都是全球经济中的亮点，2016年是否依然能保持这样的趋势？

施尔德：美国当然没有中国的增速那么强劲，中国、印度和其他一些亚洲新兴市场比美国更抢眼。不过美国经济确实比欧洲和日本好很多。

我们认为这个趋势会在2016年延续。美国经济的发展形势会越来越好。金融危机、大衰退以及降杠杆对经济的影响已经在慢慢削减，这也是为什么美联储能够开始加息的原因。我们预期2016年美国经济的增幅为2.5%，比2015年要强一些。我们也预期欧元区经济继续复苏，增速约在1%。但是在货币政策方面，美联储开始收紧危机时的宽松政策，而欧洲央行和日本央行还会全面量化宽松。

日报：您认为欧洲还是处在美国三四年前那样的状态吗？

施尔德：从恢复周期来看，美国经济取得稳定进展，在低通胀的情况下达到自然就业率，欧洲当然是落在了美国的后面。因为欧元区实际上并没有从衰退中完全恢复，但正在努力追赶，尤其是在货币政策方面。在金融危机中，美联储快速采取量化宽松政策，英国央行也是这样，而欧洲央行则等待了将近5年才在2015年1月做出了这个历史性的决定。

人民币贬值不吃惊

日报：您认为2016年中国经济处于一个什么样的位置？

施尔德：在过去几年中，中国的经济增速以可控的形式放缓，我们认为这种状况会持续。一方面，中国的过度债务和投资会给经济带来下行的压力；另一方面，中国经济仍旧有相当的潜力。中国经济未来的增长需要更多地来自消费、服务业和城市化。投资基础设施在中国经济增长中所占的比例必须下降。当然这也许是老生常谈，但确实非常重要。

日报：您担忧中国的债务水平吗？

施尔德：中国在经济危机之后做出了非常强有力的反应，投资4万亿元人民币进行基础设施建设，这使债务水平大增，确实让人忧虑。

我们认为中国政府面临三个挑战：第一是应对经济放缓，第二是处理过度债务，第三是在进行经济改革的同时保证社会稳定。过去30年，中国也面临着同样难度的任务。我不认为中国政府失去了让经济软着陆的能力。

日报：最近人民币大幅贬值，您怎么看未来人民币的走向？

施尔德：过去10年，中国的货币政策制定者也在推行着自己的目标，即缓慢移向一个更灵活的货币系统。人民币刚刚加入国际货币基金组织的SDR，成为储蓄货币，这是一个有象征性的重要事件，只能发生在中国迈向一个更开放的货币系统和资本账户取得重大进展的条件下。

前不久，中国人民银行表示市场主体不应只盯住美元，应更多地参考一篮子货币，这是重要一步。问题是如果要打造一个更加灵活的汇率体系，应允许市场作为一个更加重要的角色来决定人民币的价值。那么有时候货币会走强，有时就会走弱，这是自然的。

就人民币走强或走弱而言，我们不应感到吃惊，这实际上是汇率更灵活的证明。IMF在6个月之前就宣布人民币已经不再被低估，和美元比价反映出了真实的价值。同时美国经济在走强，美联储开始加息。大多数经济学家都会同意在这种情况下，人民币相对美元会出现贬值。所以人民币最近的贬值并不让人吃惊。

日报：目前，原油价格已经下降到每桶35美元左右。低油价对于消费者自然有利，而对于生产者则极为不利。那么低油价对于世界经济最终是好事吗？

施尔德：2008年，由于全球金融危机，原油价格崩溃。目前原油价格走低是供大于求的表现。这部分得益于页岩气革命，另外也有地缘政治的原因。越来越多的石油从伊拉克、利比亚、伊朗涌到市场上。

如果把全球经济看做一个整体，尤其是页岩气革命，明显是好事。因为新科技使世界找到了以前我们无法接触的资源，当然有些人在短期内不会从中得益。对于中美而言，低油价自然是件好事。

日报：您将如何描绘 2016 的世界经济？

施尔德：2016 年全球经济继续复苏并且出现一些再平衡。全球经济增长会和 2015 年类似，在 3.5% 左右。其中，中国增长放缓，美国经济持续复苏，欧元区、英国和日本的增长都会加快。全球经济会在经历一个小的再平衡：中国放缓，发达国家增速加快。

经济是中美强大的黏合剂

大卫·蓝普顿
霍普金斯大学中国项目主任

约翰·霍普金斯大学国际问题高级研究院中国项目主任大卫·蓝普顿（David Lampton）多年致力于中美关系研究。他曾从1988年起担任过9年的中美关系全国委员会主席，还在1998~2006年负责智库“国家利益中心”的中国研究项目研究。

在接受《第一财经日报》采访时，蓝普顿提到，当前中美之间最为重要的就是稳定彼此的关系。此外，经济将会成为中美关系强大的黏合剂，在气候和反恐等问题上，中美应该紧密合作进行全球治理。

第一财经日报（以下简称“日报”）：此前您认为中美关系处在一个“临界点”上，而美国在维持“主导权”和为中国的发展让出空间之间，似乎处在一个犹豫不决的状态。在可见的未来，您认为中美关系最可行的突破点在哪？

蓝普顿：鉴于中美两国双边关系的复杂性，两国都需面对纷乱世界和两国的国内政治现状，中美关系取得“突破”似乎不太可能。但是，重要的是我们需要稳定彼此的关系并在可能之处取得进展。

我认为最大的机会在于以下几点：对经济关系的推动，尤其是“双边投资协定”谈判和对彼此的直接投资；在反恐事务上升级合作；在气候变化方面朝共同目标行动；就空军、海军、网络和太空活动作进一步的军事交流。

日报：美国的政策精英对华认知现状如何？

蓝普顿：虽然美国的政策精英对中国及中国的发展有许多不同的看法，但遗憾的是，对中国战略意图的疑虑正在逐渐上升也是事实。这样的疑虑在大众层面也同样出现增长。

日报：很多学者用“颠簸、碰撞”来形容中美关系的演变，那么，这些“颠簸、碰撞”是否会不断蚕食双方的战略互信？未来将有什么途径可以改善双边互信？

蓝普顿：随着中国经济、军事、网络规划能力的增长，美国和中国之间正越来越频繁地“碰撞”。美国在不久之前还主导着这些领域，但随着中国实力的增长，中美之间接触的增加也是十分自然的事，有时甚至会产生摩擦。因为两国在这些不同领域中越来越多地相遇，双方就此制定规则就显得十分重要。

日报：越来越多的中国企业选择在美国上市，同时，也有很多中国企业在美国进行收购。您是否赞同商业活动是中美关系不可或缺的黏合剂？

蓝普顿：我十分同意中美之间的经济联系是双边关系的黏合剂这个观点。由此可以得出的结论是，我们需要强化这一维度的关系，尤其是通过增加两国对彼此的直接投资，尽快达成可操作的双边投资协定，并试着把中美都纳入到类似TPP这样的自由贸易协定之中。很重要的一点是，虽然经济联系是强大的黏合剂，但是如果安全问题恶化的话，这样的黏合剂也是无法独自维系两国关系的。

日报：气候变化、控制核扩散、反恐等国际重大事务都需要中美双方共同参与和合作。中美关系的稳定也是全球治理的要求吗？

蓝普顿：假如中美没有在这些事务上形成合作伙伴关系的话，那么“全球治理”甚至无从谈起。两国都无法凭一己之力治理世界。只有中美合作，才有可能有效地进行全球治理。这意味着我们应该把战略眼光放在建立共同安全和一些两国都能积极参与其中并做出贡献的经济制度上。

乐观看待未来中美关系

卜励德

美国外交家

出生于1936年的美国外交家卜励德（Nicholas Platt）曾在亚洲和非洲多国出任大使，通晓中文、德文、法文和日文。在接受《第一财经日报》记者采访时，卜励德表示，他从1964年起就和中国结下不解之缘，而自己的观点也是基于过去50年外交经历的观察。

卜励德曾于1972年陪同尼克松访华，后出任当时的美国驻北京联络处政治部主任，亲历了中美关系的正常化。2013年，卜励德以《中美关系中的"中国男孩"》为书名出版了自己的回忆录，阐述了自己作为亲历者对中美关系演变的看法。

在访谈中，卜励德谈到了对于两国关系不同层次的判断，经贸往来和年轻企业家对两国关系的推动以及美国精英阶层的对华认知等。总体来说，卜励德对中美关系一如既往地乐观。

第一财经日报（以下简称“日报”）：作为拥有丰富经验的外交官，您曾见证过中美两国关系正常化的开端。您也对中美关系持乐观态度，那么，中美关系的起起伏伏在您看来经历了哪些重要的转折点？未来趋势如何？

卜励德：从1973年开始，中美关系在规模、复杂性和关注程度上都得到了稳定发展，同时，中国经济在增长，也成为世界大国之一。中美两国社会和经济正日益交融，这也是增进双边关系稳定的因素之一。坦率地说，两国关系确实有很多互相纠结的地方，双方也越来越少地能够深思针对彼此的危险行为。

尽管世界大国之间的平衡出现了一些重大转变——稳步地向亚洲转移，而且中国的经济和社会也呈现出巨大的变化，但是稳步发展的模式仍然持续。如果中国的改革取得成功，并且一个由服务和消费驱动的经济得到发展，我们之间的关系也会随着两国私营部门之间互动的增加而获益。

日报：对“中美新型大国关系”这个新的定义，您如何看待？

卜励德：两国政府正在开创“新型大国关系”，是因为它们发现每天面临的事务都是来自不同层面的各种不同情况：在一些寒风凛冽的“高海拔地区”，两国政府要处理的事情就是网络安全、互联网主权、气候变化等。

在海拔稍低一点的“温暖地带”，两国民众正越来越多地扩大贸易、旅游、投资、人文交流。在诸如贸易、投资、文化、教育和科学交流方面，中美间的接触和活动稳步增长。

“私下一面”形成了中美关系重要的“压舱石”，防止两国关系偏离轨道。学术界和媒体往往忽略了对“私下一面”的分析，而实践者则把它视为连接两国的重要黏合剂。

一些时事评论所强调的缺乏“战略信任”就是针对“高海拔”事务的管理状况。他们忽略了“战术信任”，这种信任要求双方驱动“低海拔区域”的发展。

日报：无论是过去还是现在，中美关系一直有很多敏感点，但似乎在现在的世界格局之下，两国都在试图维持一种平衡，通过更多的高层对话和交流化解一些争议，例如，两国领导人互访时都安排了非正式的私人谈话时间。在如何改善两国关系的方法上，似乎有了更多选项。

卜励德：是的。在中国国家主席习近平对美国进行国事访问期间，双方在“高海拔”和“低海拔”事务上都取得了进展，尤其是气候变化、网络安全、法律执行、反恐、军事关系以及人文交流。两国领导人同意共同努力，富有建设性地管控两国之间的分歧，并决定在双边、区域和日益增加的全球治理活动中扩大合作。

此外，中国正在扩大的影响力也鼓舞了它参与全球治理的信心——包括维和、公共卫生、反恐、气候变化、核安全、反盗版、可持续发展、人道主义援助、灾难救援等。而且，这种影响力的扩大为两国提供了更多的合作机会，而非竞争。

日报：美国政策精英的对华认知现状如何？

卜励德：现在有很多美国政策精英持不同观点。共和党总统候选人在竞选时喜欢抨击中国，目前的竞选也不例外。民主党则显得更为实际，但是他们试图找到和奥巴马政策拉开距离的方法。不过，一旦选出新总统，他（她）将会面对此前总统所面对的现实，所做的决定也将基于现实之上。

学术界精英则分为两边，一边认为中国正在持续地以不可阻挡之势崛起；另一边则认为经济、社会的快速增长和变化给中国带来巨大挑战。

商业精英则努力从变革中实现资本积累。比如，资金从中国流向美国；中国不断扩张的私营领域呈现新的开放点；中国经济增速放缓后带来的挑战等。看多的投资者下注中国在服务领域的扩张；看空的投资者则把筹码押在制造业的下滑上。但每个人都希望减缓全球变暖。总而言之，分歧造就了市场。

日报：此前，您反复提到中国年轻一代的创业热潮，那么中美年轻一代所呈现出来的相近的企业家精神，是否能够成为拉近中美关系的创新力量?

卜励德：中美两国的年轻一代至关重要。我在中美的多所大学里做过演讲，发现年轻的听众都充满好奇心，见多识广，并且对两国持积极态度。最近皮尤研究所的调查也证实了我的这个感觉，调查发现，比起上一代人，中美两国年轻一代对于彼此持更积极的态度。

但是，比积极态度更重要的是中美两国人民能够在一起共事的能力。一位曾在麦肯锡公司工作过的年轻分析员曾经做出这样的报告，中国的年轻人正在呈现出越来越多的创造力，以及在深度和广度上都在持续拓展的实实在在的企业家精神。这个分析师的中国朋友中，二三十岁的年轻人大部分要么开了自己的公司，要么加盟了创业公司。更重要的是，这个趋势是中美两国年轻人希望看到彼此做的事，一个他们能据此互相评价的规范化标准。

因此，中国的新公司注册数量激增。年轻的创业者们正在开创他们期待着有朝一日能够壮大的公司。如此具有抱负心的创业现象也是直到最近才成为美国社会的普遍现象。现在，有了从大学里输出的大量人才，中国也加入了这个行列。年轻人就是活生生的例子，他们受过高等教育，显示出雄心勃勃的企业家精神，而且群体数量（非常）庞大。他们的触角甚至从商业领域延伸到了艺术领域，例如，2015 年的上海国际艺术节就是最富成果而创新的一次。

中美关系的未来掌握在两国的年轻企业家和投资人手中。通过自由的合作，他们能创造的东西没有局限。

目前，中美之间的分歧依旧存在，挑战隐现。比如，2016 年美国要举行大选，知识产权保护、互联网政策和中国对非政府组织的管理法草案等，双方未来几年都有许多事务需要处理。

但是，如果能以史为鉴，那么，受到中美两国私营部门发展的推动，未来十年将会看到两国间相互依存度的持续增长。2015 年，中国在美国的直接投资已经达到了 580 亿美元，并创造了 8.5 万个工作机会。专家认为，这个水平会在未来 5~6 年里达到 2000 亿美元。从 2013 年两国领导人在安纳伯格庄园会晤开始，中美双边投资协定的谈判工作就一直在进行之中。对奥巴马政府在任期结束之前达成协定的压力也在增加，但我认为这项工作将会持续更久。

上海自贸区已经在运行之中，正在寻找拓展双边商业机会的方法。我的希望是，最近的TPP谈判能够在国会得到通过，而且有一天中国也能加入。

到目前为止，双边政府都在通过努力和务实的态度让两国得以避免陷入严重的麻烦之中，令两国人民得以自由寻求他们的相互利益，用基辛格博士的话来说，就是让两个社会能够“共同进化”。

尽管中美关系也曾因一些悲观主义者的批评而濒临危机，但从中美建交开始，我一直对中美关系的未来持乐观态度，事实证明我的判断从未失准。我始终相信，中国如此之大，以至于无法牵制。而且，通过观察它过去几年在全球体系中所崛起的力量和影响力，它从美国得到的是帮助而不是遏制。

瓜达尔港改变游戏规则

肖卡特·阿齐兹
巴基斯坦前总理

肖卡特·阿齐兹（Shaukat Aziz）并不是普通意义上的巴基斯坦政治家。在1999年出任巴基斯坦财政部长之前的30年里，他一直供职于花旗银行，从花旗银行卡拉奇分行的小职员一直攀升到坐在纽约花旗总部的执行副总裁。

1999年，巴基斯坦国库几乎空虚，他被穆沙拉夫总统识得担任财政部长，亲自率团前往欧美机构推销巴基斯坦国债，为巴基斯坦摆脱经济危机打下了初步基础。2004年，他在兼任财政部长的情况下出任总理，并在2007年完成任期，成为第一个完成全部任期的巴基斯坦总理。

退出政坛的阿齐兹，依然活跃在各个领域内，与中国保持着密切的联系。经济学家出身的阿齐兹，对于瓜达尔港和中巴经济走廊的建设有其特别的视角。在接受《第一财经日报》专访时，他认为瓜达尔港是地区“游戏规则改变者”。瓜达尔港改变了巴基斯坦的战略地位，也改变了中国的经济从东向西的运输格局。对于工程的政治基础，他表示非常坚定，因为这并不是一个党派或者政府一时决定的，而是跨党派的，并且受到了时间的考验。对于中方关切的安全问题，他表示巴基斯坦已经组建了一支专门保护中方的部队，这在巴基斯坦历史上还是第一次。在接受《第一财经日报》记者的专访过程中，他不断流露出对中巴政治、经济和文化合作的未来充满信心。

第一财经日报（以下简称“日报”）：我觉得瓜达尔港可以成为2015年中巴关系的关键词，不知您怎么认为？在您看来，瓜达尔港的意义何在？

阿齐兹：瓜达尔港的建设在我担任财政部长和总理时候就已经开始了，当时我们与中国政府商议在波斯湾口建设一个大型港口。在地理上，它就是中东的一部分，能连接到整个中东，基础设施一旦完成，它可以连接到阿富汗以及中亚。我和当时的巴基斯坦总理扎法鲁拉讨论这个议案，他认可这个想法。接下来我们就和中方讨论了一些细节，最终在北京签署协议。

之后，我们就开始建设。我们现在做的是进一步扩建，以容纳更大规模的轮船，加强周边基础设施建设，打通到巴基斯坦北部的道路。瓜达尔港项目对所有国家来说都是有战略和经济优势的。习近平主席提出了“一带一路”的规划，这进一步增强了这个港口的重要性。事实上，这个港口就是“一带一路”的一部分，它连接了巴基斯坦国内和周边地区。

对这个地区来说，瓜达尔港是一个“游戏规则改变者”，当中巴经济走廊连接到喀什时，是很宏伟的。你们可以在中国发货，由瓜达尔港转运。如果你们在这里装卸货物的话，就没有必要绕道印度洋和南海。从巴基斯坦，你们可以直抵中国最西部的省份，然后从那里用铁路等其他方式从西部运输到东部。

日报：您刚才讨论了从政府层面如何看待瓜达尔港的意义，巴基斯坦私营领域是怎么看待这个港口的？

阿齐兹：我想私营领域会愿意使用任何便利的港口。他们乐于见到基础设施的改进与增强。我认为瓜达尔港将是非常现代化的，以非常专业的方式管理，港口与卡拉奇之间有很好的道路连接，私营领域会毫无悬念地使用这个港口。

任何时候，基础设施的提升通常会带动这个地区的经济活动，这样生意就会多起来，盈利也会多起来，所以私营领域非常期待这一项目。而整个“一带一路”也会给巴基斯坦带来巨大的机遇，这包括航空、公路、铁路和港口的连接。还有一个连接，那就是“电子高速公路”。除却实体的高速公路，当今世界需要电子高速公路。中国和巴基斯坦视这条高速公路为一个双赢的机遇。

日报：目前瓜达尔港和中巴经济走廊的建设情况怎么样？进行得顺利吗？

阿齐兹：目前正处于规划阶段。两国联合建设的第一个大工程是喀喇昆仑公路（中巴公路），这条公路从喀什直通到巴基斯坦北部。大家都期待着更多这样的项目，打开更多的机会。在这点上我们是有政治共识的。我们必须超越党派来支持这些项目，因为如果国家受益，这对党派也有益处。每个省份都有这样的项目，所以每个省都会受益。大众知道这并不仅仅是道路或者管道，当这些建成，可以在这周边新建新区、集市，并且去其他地方畅通无阻。

日报：很多中国投资者还关心的是，安全问题在巴基斯坦是不是一个考虑的因素？

阿齐兹：是的，安全问题过去是个问题。但是现在政府决定建设一支特别和专门的部队，保障中国的工程和中方员工的安全。这并不是普通的警察，而是一支专业化、职业化的部队，只有一个任务,就是保护好中国工程和员工。因为在过去,的确有一些事件发生，现在我们想让中国政府、企业家和工程方满意。如果他们来巴基斯坦，我们将非常认真严肃地对待。这是我们的第一次，我们从来没有为其他国家这么做过。巴基斯坦普通民众也很支持这样的安排。

日报：我们谈了很多当前的中巴合作，对于接下来几年的中巴关系，您是怎么看的？

阿齐兹：我可以非常有信心地说，未来的中巴关系将更加牢固。这是多方面的，是经济合作、文化合作、安全合作、军事合作和发展合作，这些都是在两国各个方面开展的。中国是巴基斯坦最大的贸易伙伴之一，巴基斯坦从中国大量进口，也同时向中国出口。中国的承建方获得了几乎所有巴基斯坦的重大项目，因为他们是有竞争力的，质量也比之前有很大的进步，所以在质量方面也是有竞争力的。中巴关系是战略性的、深入的。我们在过去 20 年中更换了许多执政党和政府，一件事在整个过程是稳定不变的，那就是中巴关系，中巴关系从来就没有受到过影响，每个政府上台都在建设、加强两国关系。

亚洲经济谨慎乐观

古泽满宏

国际货币基金组织（IMF）副总裁

全球市场风云变化，市场普遍对全球经济的未来感到不安。国际货币基金组织（IMF）召开会议的焦点就是讨论面对不确定性应该如何制定合适的政策。

对于亚洲经济，我们应该秉持一种谨慎乐观的态度来看待，持完全乐观或是悲观的情绪来看待亚洲经济都是不够理性和客观的。对于亚洲经济前景做探索和展望是十分必要的，它可以帮助我们评估亚洲对世界经济的影响。

当人们分析亚洲问题时，总是首先想到中国这个最大的亚洲经济体，而中国正在经历经济增速放缓和经济结构调整的历程。另外，美国货币政策的正常化以及发达国家和新兴经济体增长潜力的下降，都会对周边的亚洲国家产生大量的溢出效应。此时以乐观却谨慎的态度看待亚洲经济是非常重要的。

从国际角度来看，IMF 预计全球经济增长将从 2014 年的 3.45%

下降到2015年的3.1%，预计2016年将上升至3.6%。2016年的增长率将会是自2010年以来最快的，但是这个增速仍略低于7月的预测，主要原因是发达国家与新兴国家市场间的趋势转移。尽管比7月预期的速度有所放缓，但部分发达经济体也正在走强，2015年的增长率应该为2%，预计2016年可以提高到2.2%。现在我们需要寻找到更加合适的政策让增长率进一步提高并且持久。

与此同时，新兴市场和发展中国家的经济发展增速放缓。2015年是新兴市场增长连续下滑的第五年。我们预计2015年的增长率为4%，2016年预计增长会从2014年的4.6%下降为4.5%。这个预测和我们早期的预测有少量出入，因为一些国家表现出了更大的韧性，但有些国家仍需要采取适当的政策措施促进经济增长。尽管如此，我们不能忽视新兴市场作为一个群体仍在增长的事实。

当前世界各地的经济不景气，疲软的商品价格显然是关键因素，这对石油和基本金属的生产商而言影响最为直接。然而，商品价格并不是全部的原因，而且许多经济体都受益于这些较低的价格。全球工业生产在2015年上半年减弱，主要经济体需求的不平衡，以及世界贸易放缓和投资在全球范围内变薄弱。这些都是导致全球经济疲软的重要因素。

全球经济潜在的风险和不确定因素所导致的谨慎态度是经济增长放缓的因素，对于未来预期的降低会反过来抑制投资需求。还有一些其他的因素会拖累经济的增速。比如，利率环境、预期的油价波动、来自发达和新兴经济体需求端的变化等，所有这些因素都是影响决策的一部分。

当我们把目光转向亚洲时，我们必须注意到亚洲，特别是亚洲的新兴市场，仍然是全球经济增长最快的地区，我们需要保持对当前趋势的这种看法。与日本经济的缓慢增长相比，亚洲的表现令人印象深刻。不过更加值得注意的是，中国的高速增长正在持续放缓。新兴市场经济体增长的放缓也影响到周边地区，但我们在这两年仍然能看到亚洲 5.4% 的年增长。这反映出了劳动力市场的相对强劲和可支配收入的增长，尤其是在东南亚地区。

中国经济增长放缓是影响世界经济最重要的因素之一。中国的增长模式从出口导向型转向由国内消费和服务业推动的模式，同时中国也在进行减少债务融资驱动的公共性投资。中国创造出的这种包容性是一个重要的转变，市场驱动的经济让发展更加稳健和持续。所有的市场都关注中国的前景，中国除了同比增速有所减慢外，它和其他任何经济体相比增长依然强劲。

在风险方面，比预期更为尖锐的问题是中国经济增速放缓，中国需求结构的变化是亚洲面临的主要风险之一。此外，伴随着全球金融形势的突然收紧，美元的进一步强势也是市场面临的风险之一。正是这些不确定的前景加强了人们谨慎的情绪。

过去几个月，我们非常清楚中国经济结构调整所造成的影响。据分析，中国经济增速每放缓 1% 就会使其他亚洲国家下降 0.3%。近期人民币汇率制度的转变也有了连锁反应，商品价格的下跌和利率的不确定性被进一步放大。我们要尽快解决这些潜在的安全问题，比如，企业杠杆会进一步放大风险的冲击，加强监管和监管框架是非常重要的。

总而言之，认清当前的挑战是十分必要的。交流与合作是应对这些挑战的关键。IMF希望通过在全球和地区问题上的展望来制定最合适的政策，并提供一个包括分析、技术支持和融资援助的工具包，以此根据宏观经济框架协助一些地区制定适当的调整方案。归根到底，我们应该对亚洲的未来保持乐观。我们只需在这一时期保持对不确定因素的谨慎，并努力解决潜在漏洞。

（本文根据2015年11月26日在东南亚中央银行组织理事会上的发言整理）

第三篇 宏观中国

2016年上半年经济有望触底

贾　康
财政部财科所原所长

2016年宏观经济走势如何？舆论热词——“供给侧结构性改革”将发挥什么作用？供给侧改革又需要宏观经济政策打开哪些思路？

作为新供给经济学派的代表人物，华夏新供给经济学研究院院长、财政部财科所原所长贾康认为，中国经济在经受不期而至的世界金融危机冲击之后，走到了一个自身“潜在增长率”下台阶而“矛盾凸显”对“黄金发展”瓶颈制约日趋严峻的新阶段。

在接受《第一财经日报》专访时，贾康表示，中国经济正面临着很多过去需求侧管理不能解决的问题。未来要更多地注重从供给侧发力，通过全面深化改革和理性的供给管理，以结构优化破解中国中长期经济增长、结构调整的瓶颈。

供需有效对接

第一财经日报（以下简称“日报”）：2016年中国经济增速如何？“十三五”期间，中国能保持6.5%以上的增速吗？

贾康：当下，我们仍在认识、适应并努力引领经济新常态。“新”已明朗，“常”未实现，经济仍然面临着下滑的压力。

从现在来看，如果能够处理好全面深化改革中的各类关系，在加强有效投资、配合货币政策、财政政策等诸多稳增长措施的综合作用之下，中国经济在2016年上半年有望实现阶段性探底。关键是打造增长质量提高的新局面。

“民新指数”显示，尽管大中型国有企业和小微企业表现出来的困难较大，但有一定规模的民营企业出现明显的亮色。

2016年上半年，在综合作用之下，如经济实现这一阶段性探底后，亟须结合有效制度供给的改革和结构优化措施，力争宏观经济运行实现企稳。

“中高速”究竟多少为宜？我个人认为，点位并非最重要的指标，而是在关注增长质量是否真正提升的同时，密切关注速度表现。粗略估算，要在2020年实现全面小康，就意味着“十三五”期间年均增长速度应保持在6.5%略高。

日报：一方面很多行业出现产能过剩，但另一方面消费者又感觉买不到好产品。为什么会出现这种情况？

贾康：这是供需之间没有形成有效对接的表现，解决之道重在供给体系提升其质量、效率。

居民需求随收入增长正在升级，变得更为多样化。当下，除了少数领域外，排浪式的消费基本过去了。总体来说，需求的演变要求有效供给的回应。

释放新需求、创造新供给，总体而言还是要让市场在资源配置中发挥决定性作用，同时也需要政府更好地发挥作用。

但是要注意的是，政府作用“更好”发挥，并非简单的“小政府”概念中“作为越少越好”。中国正处在从追赶到赶超的现代化发展过程，中国的政府要比其他经济体的政府以更多的“作为”，来追求超常规发展。

所以，我们还是要更多强调有效的市场和理性有为的政府，以及“第三部门”（非政府组织、志愿者、公益团体等）在优化资源配置中分工、合作、互动。

新供给研究有“破”有“立”

日报：您之前提到新供给研究有破有立，“破”体现在哪些方面，又有哪些主要的“立”？

贾康：经济学理论迄今为止已取得的基本成果亟待反思。经济学理论创新所需要的、在“新供给”研究中已致力作出的“破”，至少集中于如下三大方面。

第一，主流经济学理论认知框架的不对称性。古典经济学、新古典经济学和凯恩斯主义经济学都存在着忽视供给端、供给侧的共同问题。最近几十年颇有影响的“华盛顿共识”，理论框架上是以“完全竞争”作为对经济规律认知的假设条件，但是回到现实，并没有有效矫正还原，实际上拒绝了在供给侧作深入分析；美国的供给学派很有建树，但其理论系统性还有明显不足，弱于对结构分析、制度供给分析和政府作为分析方面的深化认识。因为美国不像中国，有不能回避的“转轨问题”与“结构问题”，也就自然而然地难以提升对供给侧的重视程度。相比于需求侧，供给侧的问题更复杂、更具长期特征和“慢变量”特点，更要求结构分析与结构性对策的水准，但这并不应成为经济学理论长期容忍其认知框架不对称的理由。

第二，经济学主流教科书与实践之间存在“言行不一”的问题。美国等发达市场经济体在应对金融危机的实践中，关键性的操作是跳出主流经济学教科书，实行一系列区别对待的结构对策和供给手段。比如，美国在应对金融危机的一些关键点上，实行“区别对待”的政府注资，在对 150 多年的老店雷曼兄弟公司任其垮台后，总结经验，对“两房”、花旗、通用公司又分别施以援手，大量公共资金对特定主体的选择式注入，是一种典型的政府区别对待的供给操作，并且给予经济社会全局以决定性的影响。然而，如此重要的实践，迄今还基本处于与其经典学术文献、主流教科书相脱离的状态。

第三，已有的经济学研究在产业政策等供给侧上薄弱和严重滞后。在实践中，从 20 世纪 80 年代《亚科卡自传》所强调的重振美国之道的关键是“产业政策”，到克林顿主政时期的“信息高速公路”，到近年奥巴马国情咨文所提到的从页岩气革命到 3D 打印机，到制造业重回美国，到区别化新移民和新兴经济等一系列的亮点和重点，都不是对应于教科书的认知范式，而是很明显地对应于现实重大问题的导向，以从供给端发力为特色。本应经世致用的经济学理论研究，在这一领域，其实是被实践远远抛在了后面。

“新供给”研究中的“立”：

第一，经济学基本框架需要强化供给侧的分析和认知。基础理论层面应强调有效供给对于需求的回应和引导，供给能力在不同阶段的决定性特征形成了人类社会的不同发展时代。当然不可忽视需求的原生意义，人有需求才有动力、才要去追求各种各样的可用资源。但在经济学中，过去关于有效供给对需求引导的作用却认识不足。我们强调的是不同发展时代的划分和供给能力以及与“供给能力形成”相关的制度供给问题，既有从基础理论层面生发的普适性，也特别契合于在中国和类似的发展中国家的现实突出问题，以利解决转轨和可持续发展方面所遇到的突出矛盾的消解。在现实生活中，关键是在处理“生产产品满足消费”的需求侧的同时，解决“生产什么”和“如何生产”的供给侧——尤其是“制度供给怎样优化”的问题。

第二，正视现实而加强经济基本理论支点的有效性和针对性。应将非完全竞争作为深入研究的前提确立起来，这是资源配置的真实环境，牵涉大量的供给侧问题。过去经济学所假设的“完全竞争”环境，可称为一种 1.0 版的模型。而非完全竞争能更好地反映资源配置真实环境、涵盖种种垄断竞争等问题，是一种升级、扩展的模型。需求分析主要处理总量问题，指标是均质、单一、可通约的。但供给分析要处理的是结构问题、制度构造问题，指标是非单一、不可通约的，更多牵涉到政府与市场的基本关系。它必然带来了明显的挑战和非比寻常的难度，这是经济学创新与发展中绕不过去的重大问题。更多的中长期问题和“慢变量”问题，也必然成为供给侧研究的难题。过去经济学研究中可以用一句话打发掉的“一般均衡或反周期调控可自然解决结构问题”，有必要升级为在非完全竞争支点上加入供给侧能动因素深入开掘的研究命题。

第三，市场、政府、非营利组织应各有作为并力求合作，这是优化资源配置的客观要求。在明确市场对资源配置起决定性作用的前提下，我们还需要有的放矢地来讨论不同的主体——市场和政府，还有“第三部门”（非政府组织、志愿者、公益团体等），它们在优化资源配置里面应该如何分工、合作、互动。在不同的阶段和不同的领域，分工、合作、互动特点必有不同。由分工、失灵到替代，再由替代走向强调“公私合作伙伴关系（PPP）”式的合作，反映了人类社会多样化主体关系随经济发展、文明提升而具有的新特征、新趋势。

第四，制度供给应充分引入供给分析，形成有机联系的认知体系。在供给侧应该打通物和人这两个视角，各种要素的供给问题和制度供给问题应该内洽于一个体系，发展经济学、制度经济学、转轨经济学、行为经济学等概念下的研究成果，需要加以整合熔于一炉。通过这样的“立”来回应转轨经济和中国现实的需求，形成的核心概念便是必须更加注重“理性的供给管理”。

当然，解释并强调供给侧并不意味着就可以忽视需求方面的认识。需求管理的认识在已有的经济学理论成果中已经相对充分，我们希望在供给方面更丰富地、更有针对性地提高认识框架的对称性，将这样的认识落实到以改革为核心，从供给端入手推动新一轮全面改革时代的制度变革创新。这是有效化解矛盾累积和“滞胀”“中等收入陷阱”“塔西佗陷阱”和“福利陷阱”式的风险、实现中国迫切需要的方式转变与可持续健康发展，直通中国梦的“关键一招”。

至于中国新供给学派的政策主张，简而言之为“八双、五并重”。“八双”是指：创新创业；新型城镇化和产业优化；结构性减税和减少行政审批；扩大向亚非拉的开放融合和适度扩大优质高效的投资规模；人口政策转变、国有资产收益和存量向社保和公共服务领域转置；国企民企共进步；政府、市场作用到位；“价、财、税”配套改革与金融创新配套改革。

“五并重”则是指：“五年规划”与“四十年规划”并重；法治经济与文化经济并重；海上与陆上丝绸之路并重；柔性参与 TPP 与独立开展经济合作区谈判并重；高调推动国际货币体系改革和低调推进人民币国际化并重。

日报：现在舆论对“供给侧改革”的讨论和争议很多，您如何看待这些讨论？

贾康：理论探讨和研究中，伴随认识的深化过程，争论是难免和必要的。但是，在当下供给侧改革的讨论中，似乎容易出现极端化（如否定需求侧的重要性）、表面化（如只认为是概念求新、语言游戏）、简单化（如只强调减税）、情绪化（如指摘不同观点者的动机），也很难避免简单化贴标签的倾向。

鼓励创新的阶段，要先少谈一些主义，多讨论一些问题，特别是讨论真问题和有深度的问题。

自20世纪90年代以来，宏观调控中反周期的政策实践主要是在需求管理框架下的，有巨大的成绩，但是延续主流经济学教科书和仿效发达国家的思路继续贯彻较为单一的总量调控反周期操作路线，随着近年来的矛盾积累和凸显，已经日益表现出它的局限性。今后，随着中国经济增长率下台阶，资源环境制约和收入分配等人际关系制约，已经把我们可接受的所谓运行状态的“区间”收窄了，较高水平的理性供给管理的有效运用势在必行。

宏观政策不能再走双宽松老路

王小鲁

中国经济改革研究基金会
国民经济研究所副所长

中国经济改革研究基金会国民经济研究所从2000年起开始发布中国市场化指数。这项指数从六个方面，用20多个统计指标和调查指标来度量各省的市场化进程。最新的指数显示，经过2009年的大规模经济刺激政策导致市场化指数大幅下降之后，指数从2014年开始出现了明显回升。

该所副所长王小鲁表示，自十八届三中全会提出“使市场在资源配置中起决定性作用”以来，这两年政府通过简政放权等改革减少了行政权力对市场的过度干预，这是市场化指数回升的原因。

然而，王小鲁也提醒，当前货币政策过于宽松，不利于结构调整，并有扩大金融风险的趋势。他主张货币政策应切实恢复中性。他还建议政府支出结构需要尽快调整，向教育、社保等公共服务倾斜，以带动有效需求，改变经济结构失衡的状况。

宽松货币政策亟须调整

第一财经日报（以下简称“日报”）：这15年来，您一直坚持做市场化指数的测量和研究。这一指数能够从一个相对的尺度看到我国市场化进程的变动情况，从近一个时期指数变动的情况可以看出当前我国宏观经济政策有哪些进步或者退步吗？

王小鲁：从市场化指数变动的情况来看，2009年以来市场化程度经历了明显的下降和回升，这与当时宽松的货币政策和财政政策在时间上是重合的。当时“双宽松”的经济刺激政策，大力度放松货币供应和大幅度扩大政府投资，的确在短期内提高了经济增长率，但大力度地干预市场也对市场配置资源产生了副作用。

这期间的政府投资中，有相当部分低效率、不经济的投资项目，同时过于宽松的信贷政策，也扶植了一些低效率的企业。这些对资源的优化配置起了不利的作用，造成了市场化指数的下降。

市场化指数在2014年有了相当程度的回升，部分原因是前一时期的刺激政策在某种程度上退出了。而且近年来政府在推行简政放权的改革，减少了行政审批，这对扭转行政过度干预起到了一些作用。

但其他有些方面的改革进展还比较缓慢，形势还不乐观。有些政策仍然对资源配置有不利的影响。例如货币政策，现在虽然没有明确说是宽松的货币政策，但实际上货币政策已经相当宽松。

到2015年10月末，广义货币供应量M2同比增长13.5%（M1增长14.0%）；同样以名义增长率计算，GDP前三季度同比增长仅为6.6%。M2增长率比GDP增长率高了7个百分点。这说明当前已经是一个非常宽松的货币政策了。

如果这个趋势持续下去的话，意味着又是大规模的刺激政策。在当前的经济状况之下，这种刺激政策不仅没有起到扭转经济疲软走势的作用，反而可能在某种程度上加剧结构失衡。

日报：那您认为当前的经济刺激政策会走过去的老路吗？

王小鲁：我非常担心货币政策回到传统刺激的老路上，而且我还担心这样刺激下去负面影响会越来越大。因为现在的情况与2009年时已经不同了，2009年、2010年的刺激政策毕竟带动了实体经济领域的投资，尽管这些投资随后也加剧了产能过剩，但短期内还是把经济拉起来了。

但现在大量流动性资金投出去之后经济没有明显反应，GDP增速依然在下行。在大规模的刺激政策刺激不起实体经济的时候，过多的流动性会转向虚拟经济，造成虚拟经济的泡沫。这几年的杠杆率一直在以非常快的速度上升，下一轮就很可能出现大量呆坏账。这不但会对实体经济造成打击，而且也会给整个宏观经济带来一系列问题，未来发生金融危机的风险在继续加大。

从流动性角度来讲，我认为当前已经具备了造成比较严重的股市泡沫的条件。房地产市场也是一样的，虽然有些地方由于过去几年供给过剩房价还是起不来，但在一线城市地价已经一高再高，背后的原因就在于过剩的流动性在抬高地价。

那么放松货币是否有利于实体经济融资？虽然经过几次降息之后，银行的借贷利率达到了一个低点，但虚拟经济的泡沫化却造成了表外融资的利率居高不下，在虚拟经济回报率可以抬得更高的情况下，实体经济的中、小、微企业想要获得低利率的融资是非常难的。因此这反而推高了实体经济的融资成本。在虚拟经济泡沫化的情况下，再宽松的货币政策也解决不了实体经济的困难。所以，我认为货币政策亟须调整，从实际宽松回归中性。

“调结构”应成为首要目标

日报：既然政府已经多次强调中国经济进入了新常态，为什么似乎对经济下行的容忍度仍然非常有限？

王小鲁：担心下行止不住和对就业产生不良影响，都是可以理解的。但目前的经济下行是不是可以靠刺激政策来改变？如果是结构失衡造成经济疲软，那是否应该容忍更低的短期增长率，而把调整结构放在首位？对于这个问题，在学界和政府有各种不同看法，认识也不统一。

在我看来，答案是很明确的。货币刺激只有短期效果，不能持续使用。最近两年，靠货币宽松已经明显不能刺激经济增长了。在当前这种情况下，不能再靠传统的刺激政策来拉动经济，“调结构”应该取代“稳增长”成为政府的首要目标。只有经济结构调整合理了，未来的经济增长才能获得动力。

日报：政府在“调结构”中应该发挥什么作用？

王小鲁：政府应该在调结构中发挥关键的作用。但并不是像过去曾经做过的那样，由政府替代市场的作用来扶持一些产业，淘汰一些产业，更不是指由政府来决定经济的增长率。调结构必须促进市场发挥更大的作用，增长率也应该由市场而不是政府来决定。

政府必须通过改善政府职能来“调结构”。我国一个时期以来储蓄过度，投资过度，消费不足，这导致了产能过剩，最终需求不足。当前我国经济结构失衡与上一轮政府大规模投资和过于宽松的货币政策有直接的关系。过于宽松的货币政策强力刺激社会投资，结果造成了投资过度和大规模产能过剩。如果宏观政策的重点继续放在刺激投资上，问题会更加严重。

要改变这种状况，首先是要调整政府支出结构，完善公共服务的功能，把医疗、教育和社会保障做好，尤其是要尽快实现城镇常住居民公共服务和社会保障的全覆盖，否则消费很难被刺激起来。同时要推进改革，促进改善收入分配。

按照当前统计，城镇居民七亿多人有1/3是没有户口的，他们中的大部分人仍然没有得到城镇居民所享受的公共服务和社会保障。虽然户籍制度改革的任务已经提出来了，进展却仍然缓慢，地方政府对促进公共服务和社会保障全覆盖的积极性也不高。这种状况必须改变。

日报：现在政府也在提供给侧改革，那您认为现在中国的经济问题主要是出在需求侧还是供给侧？

王小鲁：我认为需求侧和供给侧都存在问题，消费需求不足的问题更加突出。这与国民收入分配结构关系很大，需要推进体制改革来改善收入分配。当然供给侧也存在问题，主要还是结构性问题。很多产业面临供给过度，政府希望发展新型产业来带动新的需求。但新型产业的发展需要有一个良好的市场环境，使资源能够实现优化配置，而不是政府代替市场去配置资源，给某些特定行业和企业提供补贴或其他各种特惠政策。这在过去已经有过很多教训，比如鼓励新能源发展，一度导致风电、光伏产业快速扩张，导致产能大量过剩，一些民营企业苦不堪言。所以，供给侧改革应该着力于改善市场环境，培育市场中的创新能力，政府在产业和技术选择方面一定要慎重，让市场发挥决定性作用，避免用行政手段代替市场的选择，在去除过剩产能方面也是如此。

2016 年改革展望

日报：在经济增长、结构调整和改革这三者的关系中，您认为应该把结构调整和改革放在经济增长的前面，那么 2016 年应该重点推进哪些改革？

王小鲁：政府支出结构需要尽快调整，政府职能回归公共服务，政府支出向社会保障、公共服务倾斜，同时减少低效率的投资，减少多余的行政支出，这才能带动有效需求，改变结构失衡的状况。所谓积极的财政政策，不见得要体现在投资上，在公共服务上加力和减轻企业负担，都属于积极的财政政策。

在具体政策上，除了推进户籍制度改革，实现公共服务全覆盖之外，当前最重要的就是通过减税和降低企业的社保缴费率来减轻企业负担。虽然政府出台了给微企业减税的政策，但实际力度并不大，并不是所有的小微企业都能够享受到这项优惠，即使微型企业也不是都能享受到的，所以降税还有很大的空间。

降低企业的社保缴费负担，用国有资产来充实社保基金是一个很好的方案。与此同时，还必须同时降低企业的社保费率。现在企业面临很艰难的局面，减轻企业的社保缴费负担，帮助企业跨过这个坎,应该是一个关键的举措。按相当于工资总额的比例计，要给企业降低 10 个百分点，才能对降低企业负担发挥实质性作用。

在国企改革方面，要解决竞争性领域的低效率国企问题。过去几年政策宽松使一些低效率的企业得到了大量的资金，它们占用了稀缺的资源，实际上就是对高效率但得不到信贷支持的企业造成了伤害。下一步，需要对那些“僵尸企业”动手术，或者重组、改造，或者干脆退出。主动调整可以比较平滑地度过这个阶段，如果拖到彻底背不动的时候再来卸包袱可能就晚了，将对经济造成更大的冲击。

中国内需不足，需大幅减税

许成钢
香港大学钟瀚德基金
经济学讲座教授

2016年，在面对诸多挑战的情况下，中国经济将何去何从？香港大学钟瀚德基金经济学讲座教授许成钢近日在接受《第一财经日报》专访时称，中国经济目前面临最大的问题是内需不足，要解决这一问题，需要提高中等家庭总收入占GDP的比重，而实现这一目标的手段之一是大幅度减税。

此外，许成钢对中国目前的借贷比率也非常担忧。由于中国债务占GDP的比例是世界上最高的国家之一，而增长速度也是全世界最快的国家之一，尤其债务结构与其他国家不一样，背后其实危机四伏。他认为，中国迫切需要基本的体制改革解决这些问题，以保证经济稳定发展。

家庭收入占 GDP 比例在下降

第一财经日报（以下简称“日报”）：目前中国经济形势让很多市场人士都看不清方向，您对 2016 年经济增长有什么看法?

许成钢：预测只能是基于对过去的认识。因此，与其预测未来，不如回头认真看一下过去发生了什么。过去这几年，中国经济增幅迅速下降。如果没有政府的扩大开支和投资的话，情况还会更加严重，所以我们要认识增速迅速下降的背后是什么。

中国的经济结构性问题中，最大的问题就是内需不足。而且这些年内需不足的问题越来越严重，导致现在经济增速的迅速下降。

内需不足的镜面是产能过剩。所谓产能过剩，归根结底的问题就是内需不足。而内需中最大的部分，归根结底是由全体普通人的需求合在一起决定的。过去十几年里，随着人均 GDP 的快速增长，所有家庭的平均收入都在增加，不过家庭平均收入相对全国人均 GDP 来说，速度更慢。

换句话说，过去十几年里，全国家庭总收入占 GDP 的比例一直在下降。那么下降到了一个什么水平呢？如果对家庭收入占 GDP 比例做一个跨国对比的话，那么中国现在是全世界最低的国家之一。当家庭总收入占 GDP 比例非常低的时候，肯定内需不足，原因就是这么简单。

现在我们见到的大部分改革方案，都集中在供给面。当内需严重不足的时候，只在供给面改革，是没有办法提高内需的，生产的产品（包括住房）卖不出去，经济下行的问题就依然很难解决。

日报：如果家庭收入占 GDP 的比例下降，哪一个占 GDP 的比例上升呢？那要如何解决内需不足的问题呢？

许成钢：当家庭总收入占GDP的比例下降，那一定有别的收入把它挤下去了。上升的是什么呢？上升的是政府的财政收入。在过去的十几年里，中国政府的财政收入占GDP的比例一直持续上升，每年财政收入的增长速度都超过GDP增长速度。

明白了这个情况就知道，要解决内需不足的问题，必须增加全体家庭的收入，为此，政府的财政收入必须减少。具体来说，税必须大幅度减少，才有可能让全体家庭的收入占GDP的比例上去，才能拉动内需。这个问题不解决，不可能拉动内需。内需拉动不了，中国经济增速下滑的趋势还会继续。当然，减税对于政府来说绝对不是一件容易的事情，在全世界都不是一件容易的事情。减税对政府是相当困难的事情，但这是必须做的。

首先，有多个不同的途径减少政府的开支。第一个基本途径就是政府有大量的开支原本可以交还给市场去解决，还有许多开支可以靠精简机构减下去。

其次，政府的一部分开支可以通过市场举债解决。如果内需上升，保证经济增长好，政府通过市场举债，在经济增长好的情况下是能够化解的。过分依赖高税收挤压普通民众的收入，后果是内需不足。

债台高筑隐藏风险

日报：那您认为中国最大的金融风险究竟在哪里？

许成钢：如果时间回到2007年，中国的总借贷占GDP的比例是非常低的，远低于100%，几乎是全世界最低的国家之一，而这样的情况下，金融风险也非常低，哪怕出什么问题，也会因为借贷的占比低，所以容易应对。

但是现在问题倒过来了，中国变成全世界杠杆率最高的国家之一，总的借贷数字和GDP比例超过了300%。在如此短暂的几年，一下子涨到这么高的水平，就有危险了。当然，光是借贷对GDP的比例高本身不一定就立即发生危险，比如日本、新加坡的借贷比例都很高。但是简单用中国的杠杆率和日本的杠杆率对比会误导对问题本质的认识。第一是恶化的速度，中国的高杠杆率超高速发展，而且还在继续。第二是日本的杠杆率里面有很大比例的债券方式的借贷。比如说日本政府的借贷都是市场上发的债券。只要政府或发债的公司是信得过的，这个债券并不危险。因为政府和公司可以在市场上发行新的债券还旧的债券。再比如美国，美国政府发行债券量也很大，各国中央银行保留的储备货币大多数都是购买的美国政府债券。但中国的债，无论是政府还是企业，大部分都不是市场上发行的债券。中国债务的大部分是银行债，非常大的比例是以抵押贷款的形式从银行借的。中国迅速高攀的债务里面，非常大的一部分是地方政府债，而大量的地方政府债是地方政府以融资平台为中介，靠土地为抵押，从银行借来的。

这个情况就很危险，因为以抵押贷款的方式去借钱，银行是按照抵押品的价值押在银行的资产负债表里，然后按比例借给你钱。银行的安全和借贷者的安全都与抵押品的价值紧密相关。如果经济向好，抵押品的价值一直在涨，那债的问题也很容易解决。但一旦经济向坏，抵押品的价值下降，这时候银行和借贷者就都有危险了。因为抵押品的价值下降会破坏银行的资产负债表的平衡。而现在中国经济的情况刚好是这个趋势。三四线房地产的价值一直在向下走，意味着巨量的地方政府欠银行的钱可能有问题。中国现在债台高筑，而且大量是以抵押贷款形式借的债，在经济迅速下降的情况下，它会威胁到经济的稳定性，可能触发金融危机、财政危机，再反过来导致经济危机。

除了地方政府以外，另一个债台高筑的主力就是国企。国企的问题归根结底是所有制的问题。今天国企债台高筑的背后是软预算约束这个老问题的新表现。为了解决软预算约束问题，国企的控制权应该由市场的力量决定，而不是政府机构决定。国企与政府千丝万缕的关系应该切断。这只能通过改变所有制结构解决。但现在国企改革的方案不涉及所有制的问题，当不去碰这个问题的时候，没有什么办法能够改变它的行为。

日报：2016 年您最期待的改变是什么？

许成钢：第一个就是内需的问题，如果改革能够认真面对这个问题，那么必须大规模减税。其次是国企的软预算约束问题，能够解决的方案一定是所有制的市场化，意味着国家在企业里面占股必须下降到小股东地位。此外，应该分解一些过大的国企，以打破其垄断地位，为市场竞争创造条件。

当一个企业过大的时候，软预算约束的问题就更为严重，一旦出现问题，那么它对政治、社会、经济的冲击都太大，但如果把它分解成若干个小一点的企业，做得好的就让它继续生存，做得不好就破产了，这才是市场经济。

在 20 世纪 90 年代的改革中，政府认识到以上问题，所以渡过了难关,为后来的发展和改革奠定了一些基础。但最近十几年里，没能继续推动新的改革，老问题（如软预算约束问题）又以新的形式返回来了，而且还越来越严重，所以我希望在这两方面能推动新的改革。

劳动者转化为消费者，“五险一金”应减半

在中国经济步入新常态的情况下，经济学者谢国忠认为，中国经济应该平衡发展，将劳动者转化为消费者。谢国忠在接受《第一财经日报》专访时发表了这样的观点。

在他看来，最直接的方法就是将五险一金减半。此外，增值税应该降低到 13%~14% 的水平，把这笔钱直接放进劳动者的口袋，就可以转化为消费。

谢国忠

经济学者

第一财经日报（以下简称“日报”）：在中国经济步入新常态的情况下，您认为 2016 年经济增长的新动力在哪里？

谢国忠：目前政府的愿望是发掘新的投资热点带动经济，但这不容易实现。第一，中国的经济投资盘子特别大，接近一半的 GDP。即使发现一个亮点，规模也比较小。第二，中国的产能过剩

已经普遍化了，投资热点就更不容易看到了。比如互联网最近几年炒得很热，投资很多，但从经济宏观数据看不出互联网对经济有正面影响，这是值得大家深思的一件事情。

所以，中国经济的出路是平衡发展。目前，中国的劳动者并没有变成消费者。需要刺激消费，说了十几年——一会儿说中国人爱存钱，一会儿说中国人因为社保体制没建好而没有安全感。其实，从数据看，这些都不是实际情况。

中国消费问题的核心是收入问题，中国可支配收入比较低，只有 GDP 的四成，这个比例在世界大的经济体里相对较低。

其实，中国居民的储蓄率跟日本以及其他东亚国家都没什么区别，大概是 30%。中国大部分储蓄不是家庭，而是政府。政府通过收入的重新分配，让政府的收入占 GDP 的比重为 36%。在大部分国家，政府的收入一般还会再重新分配。

日报：经济的“三驾马车”中，消费可以拉起来吗？能通过什么政策推动消费吗？

谢国忠：很困难。现在很多公司都在抱怨，中国的劳动力成本太高了。其实不然。中国劳动力成本大概就是 3000 元，去除五险一金，可能到劳动者手里也就 2000 元左右，相当于发达国家的 1/8。如果按照跨国企业的调查，中国劳动者的生产力跟欧洲、美国是差不多的，其实这是没有科学依据的。

只有收入重新分配才能解决中国的消费问题，比如五险一金可以减一半。美国在金融危机的时候，社保减了 1/3，这个钱直接进入劳动者的口袋，就会转变成消费。在中国，五险一金最终是去投资的，因为它是储蓄的一部分。在产能过剩的情况下，五险一金没有必要收那么多，因为我们不需要加大投资，这是一个核心理念。

我们的退休机制同时要做根本性改革，长远的福利基金改革都可以重新一起做。但短期来说，五险一金可以减半，增值税也可以相应减一些，现在17%属于高水平了。

另外，中国各种费的水平也很高。例如，中国的物流成本占GDP的18%，比世界平均水平高一倍，主要原因是公路、码头都在收钱。我们的码头、公路都是过剩的。但如果投资更多的码头、公路，然后通过收费还债，物流成本就会越来越高，最终转嫁到消费者身上，对刺激消费不利。

再比如，日本的人均产值有4万美元，70%是个人可支配收入，那就是约3万美元。

日报：2016年会出现哪些大的政策改革来推动经济发展？

谢国忠：暂时还看不到。大部分人对减税是反对的，因为很多地方政府都说，钱都不够花了，为什么还要减税？其实有些钱是不该花的。

另外，城市化的有关投资遍地开花，其实是资源的浪费。城市化应该集中力量做大做强，可以集中二三十个城市发展，让大量的人口转移到这些大城市。这样效益高，对自然环境的保护也能起到很好的作用。

中国金融的使命与担当

张红力

中国工商银行副行长

放眼世界，纵观中国，盛世与乱世的历史交替背后都有金钱的力量在驱动，金融正是那双看不见的手。可以说，“世界是部金融史”“中国是部金融史”。当今社会，金融的力量无处不在，已渗透到人类社会发展的方方面面，政治、经济、社会、文化、生态、军事等各个领域莫不受到金融的影响。金融可载舟，亦能覆舟。金融的作用发挥恰当了，经济社会发展全局都将被激活，国家安全全局都将有保障。反过来讲，如果金融搞不好，可能一着不慎，全盘皆输。

全球化造成了一个错觉：金融是中性的，市场决定一切。然而，在人类政治经济史上，金融从来都不是中性的，而是为价值观与利益所驱动的。国家利益是国际社会最现实的“普世价值”，最大化国家利益不是阴谋，是阳谋。金融天然具有调节利益的属性，是践行总体国家安全观的“牛鼻子”。在当今社会，金融的地位已经由经济工具拓展为国安重器；金融的属性由经济范畴拓展为政治范畴；金融的本质由“术”拓展为“道”。金融的真正意义可以称为国策。

金融一向有价值取向，是推动某种价值观的工具之一。对中国而言，核心价值观的逻辑框架有两大关键。第一，中华文明是五千年来世界上唯一没有中断、连续发展至今的文明；第二，中国目前正处在社会主义初级阶段。围绕核心价值观的逻辑框架，中国金融的价值取向呼之欲出——巩固党的执政基础，保障人民安全，最大化国家利益，实现中华文明的永续传承。新时期下，中国金融不仅应关注自身安全，还要充分发挥金融的安全效应，与核心价值观保持高度一致。

金融具有较强的专业性，这使很多人误认为金融是一个“无色”的专业领域。实际上，再复杂的金融创新、再专业的金融操作、再现代化的金融机构，其构成、执行或参与的主体都是人。只要有人，就不会有“绝对无偏”的利益取向，就不会有“完全无色”的行为结果。新时期下，中国的金融决策不应仅仅是技术性、专业性的，也不应只以是否盈利赚钱来评判，而要反映国家民族的根本利益。

2008 年国际金融危机爆发至今，世界经济虽然平缓复苏，但基础并不牢固，存在较多不稳定性和不确定性。发达经济体货币政策分化、资本无序流动、全球债务高企、市场信心不足、大宗商品价格剧烈波动，新兴发展中国家利益诉求得不到保障。全球经济增长持续低于预期，潜在增长率下滑，国际贸易投资低迷，世界经济可能出现多个引擎同时失速进而陷入停滞状态，要从“亚健康”完全走向健康，很可能经历一个长期曲折的过程。

当今世界面临着“数千百年来未有之变局”。但一些大国出于维护现有利益的需要，始终固守旧的治理格局，忽视新的治理诉求。世界利益不会自然实现，固化格局不会自我瓦解，共同发展需要共同行动，而共同行动需要新兴大国积极主动、有所作为。在此背景下，把全球治理作为国际社会的一个实践课题，用务实行动实现新的全球治理变革是当务之急。作为崛起中的新兴大国，中国正主动承担起务实推动全球治理的大国重任。

中国是全球治理变革的中流砥柱，金融是全球治理的关键抓手，两大趋势深度结合，将中国金融推上了参与治理和引领变革的历史风口。中国金融所具备的价值观、时代观、变革观、实践观和公平观，将有利于引领全球治理理念的返璞归真，推动全球规则秩序的转折升级，增强多边共治体系的共同建立，促进国际货币体系的公正透明，实现全球发展成果的公平分享。值得强调的是，中国金融深受儒家文化影响，核心思想是一个“和”字。“和而不同”的合作观、“和衷共济”的产业观、“和风细雨”的发展观、“和谐有序”的监管观，让中国金融在加强自身建设的同时，展现出引领全球治理变革的实力与担当。

中国金融必须自强不息，时刻以提升自身实力、完善金融服务功能、维护金融安全为己任。在此基础上，加大“走出去”，突破“小我”，避免“独乐乐”。中国金融机构要“走出去”，实施中国金融治理措施；中国货币要“走出去”，实现国际货币体系公平再造；中国资本市场要“走出去”，推动全球金融市场更加高效、多元和活跃；中国金融监管要“走出去”，传播金融服务实体经济的监管思想；中国金融理念要“走出去”，践行正确的义利观，讲信义、重情义、扬正义、树道义，将金融作为全球共同发展的工具，而非某一方谋取私利的工具。

天下大治，大国担当。全球治理的目标是共同发展，中国金融参与并引领全球治理，是共同发展的迫切需要，是世界变革的客观结果，是时代进步的必然选择。中国金融以“互尊互信、共赢共担、包容共济”为原则，通过金融机构、金融市场、金融货币、金融监管、金融大数据等多重手段，夯实硬实力与软实力，构建新型大国关系，亲诚惠容对待周边国家，大力培养使用国际化人才，积极主动参与国际组织，在全球地缘政治、多元文化、经济贸易、金融货币、能源格局、产业结构和生态环保等多个层面实现“共商、共建、共享”，以共同发展为唯一目标，通过构建利益共同体，实现责任共同体，最终打造命运共同体。

双轨投资应对经济下行

史正富

复旦大学新政治经济学
研究中心主任

连续四年的经济下行，可能引发经济下行与产能过剩互相强化的循环，使现行的、以财政—货币政策为主要手段、需求侧管理为主要内容的宏观经济刺激效果日渐失效。现在提出供给侧改革非常必要。

笔者建议，把供给侧改革的重点放在发挥投资的关键作用、搞对投资结构上，也就是用面向国家战略性基础资产的“宏观—战略投资”引领企业自主的“微观—盈利投资”。用这种投资双轨制推动经济结构调整升级，短期提升宏观有效需求、减轻产能过剩，长期积累国家战略性、基础性的生产要素和民生资产，推动我国经济顺利跨入有质有效的中高速增长的新常态。

为此，推动央行基础资产结构由外汇储备为主向黄金、国债、宏观基金权益以及外汇储备的多元组合转型，在为宏观—战略基金提供引导资金的同时，实现我国货币发行基础资产的内部化和货币政策的自主性。

要尽快切断经济下行与产能过剩的循环

2007年以来的问题实质是全球产能过剩，背后是资本积累过剩。资本在实体经济中找不到有利的投资机会，就涌入金融衍生品开辟的虚拟经济中。在泡沫破灭、整个经济体系面临崩溃之时，全球央行只好祭起大规模货币宽松的旗帜。但这一步现在也走不下去了。全球央行放出了天文量级的流动性，但钱流不进实体经济，不过是把金融泡沫又吹起来而已。今天，又再次面临泡沫破灭的风险。

索罗斯说“35年的牛市要走到头了”，斯蒂格利茨说世界经济进入“大疲软”。近日，连美国前财政部长萨默斯也提出了世界经济的长期停滞（Secular Stagnation）。美欧各国政府还有什么办法？

白宫预算与管理办公室前主任斯托克曼说：“这次的华尔街泡沫是美联储恶意发行大量空头货币吹起来的，基础并不是真正的经济增长……大量增加的流动性不但没有刺激银行贷款或者企业支出，反而一直被困在华尔街的深渊之中，正在发酵成又一轮无法持续的泡沫。这轮泡沫一旦破裂，美国银行将不会再得到像2008年那样的新一轮救援方案。相反，美国将会坠入一个零和紧缩与恶性政治冲突交织的时代，就连目前这种经济增长的微小残痕也会消失殆尽。”

这样一种全球长期停滞的背景，对我国发展意味着什么？

我国经济增速下行已经四年了，这本是由过去高增长的老常态向未来中高速增长的新常态转型调整的过渡期必然要发生的现象。但是，有迹象表明，经济连续减速正在引发经济下行与产能过剩的正反馈机制，即产能过剩致使经济下行，经济下行则使产能过剩进一步加剧，而加剧的产能过剩又使经济下行势头更猛。因此，现在到了用新的发展战略迈入中高速增长新常态的时候了。

关键是搞对投资结构

中央提出了在总需求管理的同时，着力加强供给侧结构性改革。但究竟什么是我国真正需要的供给侧改革？

显然，供给侧改革首先要能切断经济下行与产能过剩相互推动的循环，而这就必须创造对过剩产能行业的有效需求，适当提高过剩行业的产能利用率（这与淘汰部分过剩产能并不矛盾）；同时，供给侧改革在长期又要推动经济结构的调整、升级与优化，提高供给体系的质量和效率，而这就要求对生态环境、能源资源、劳动队伍、材料装备、技术研发、前沿科学等广义生产要素和国家战略性资产进行持续有效的资本投资。即使对某些行业需要适度淘汰、减少部分过剩产能，但对留存下的产能仍有技术与管理升级的任务，而这也同样离不开投资。

结构的投资其实既有短期需求侧功效，又有长期供给侧功效，是同步解决当前经济困难和推动新一轮长期经济强劲增长的关键。

搞好投资结构呼唤双轨投资

能够带动经济结构调整的投资机会在哪里？

政治经济学认为有两类投资机会。一类是市场导向、企业利润驱动的投资机会。其特点是投资具有明确的收益排他性（谁投资谁受益）、投融资的顺周期性和投资周期的短期性。这种微观—盈利性投资的周期性波动，是造成经济周期性危机的关键力量。

另一类是国家战略导向、整体利益驱动的投资机会。它是指国家从长远发展战略角度考虑，对国民经济长期稳健发展必不可少的重大工程或领域，具有规模大、周期长、不确定性高和投资效益具有外溢性等特点。

我国应同时发展上述两类投资。主流经济学把宏观—战略投资与微观—盈利投资对立起来，强调二者之间的“挤出”效应。但事实上，这两类投资也有互补与互强的关系。只有宏观—战略投资到位，基础设施与战略性生产要素得到保障，微观—盈利投资才能有效运行；反之，也只有微观—盈利投资活跃，企业的竞争与创新活力得到激发，市场规模持续扩展，宏观—战略投资形成的基础设施与要素产能才可能充分发挥作用，投资也才可能获得合理回报。

在发达国家，有过美国20世纪对全国州际高速公路系统的投资；“战后”日本经济起飞时，也有在产业政策引领下对重大基础建设和后来对集成电路等的战略性投资。

中国改革30多年经济奇迹的一个重要原因，就是由国家引领、地方政府与开发性金融机构共同参与，实施了大规模基础设施建设和产业升级推动。这就是用宏观—战略投资引领微观—盈利投资，实现双轨投资同步互促，创造出“中国奇迹”的经典案例。

上述两类投资中，宏观—战略投资是我国制度的优势所在。其内涵包括：第一，把过剩的产能转化为短缺的基础性生产要素的投资。第二，把过剩资本转化为保障低收入群体正常需要的民生资产。市场经济本身必然产生收入分配两极分化。而收入再分配仅靠税收与福利支出是难以持续的。因此，应该考虑通过国家行为打造某种民生资产，即该类资产产生的收入定向用于增加低收入群体的收入与消费。

上述宏观—战略投资的合适领域是很多的，举例来说有如下几个领域。

生态资产与生态中国：通过大西线调水和“西水东调”等方式，至少在大西北增加1000亿立方米以上的淡水供给；通过统一规划与有序投资，实现我国重大水系的互联互通；与水利工程结合及其在陕—甘—内蒙古等地区的流域治理，与南疆太阳能开发/咸水改淡和人口增加相结合的大规模改地；通过南方丘陵坡地利用率的提高等，至少增长2亿亩的可用地；通过南疆开发与西部造林的战略行动，有效控制和减少沙漠面积。

能源资产与节能减排：转向自主的清洁能源，优先发展新一代核能和万亿度规模的太阳能为主的电力生产和新型智能电网，减少对国际油气的依赖度；缩小煤电规模和减少“煤基污染”，抓紧车用电池的产业化，彻底解决汽车尾气的污染问题。

技术资产与产业升级：这是指统一布局国家研发体系建设，实现中央、地方、企业在科技创新和商用生产上的战略合作；推动中国制造走向中国精造和中国创造。

人力资产与共富中国：通过央、地、企合作的培训体系，打造亿级的德国式专业—技能型劳动者队伍；开发新人口红利，提高劳动收入占比。

民生资产与民生中国：通过亿套级社会保障性住房、全民医保、义务教育和全民财产性收入所依托的长效资产（有稳健现金流的长期资产）的布局，对冲当代市场经济中新的收入分配两极分化。

西部开发与平衡中国：上述生态环保、能源资源等基础生产要素的投资新基础设施主要布局西部，能发挥西部比较优势，更能使西部可持续发展。

“一带一路”与全球中国：在“一带一路”的实施中，借鉴发达国家经验，探索国家安全与经济发展的结合之道。

宏观—战略投资的资金筹集与实施

为此，宏观—战略投资的实施主体应该力求创新。借鉴股权投资基金行业的经验，一个可行的办法是设立担负国家战略使命的准市场型战略投资基金体系。

宏观—战略基金的基础是国家引导资金，这部分不应主要用财政支出来解决，而应活用人民银行资产负债表。具体说，是要对央行资产基础进行结构性调整。

目前，这种以外汇为基础发行人民币的操作在历史上曾有过积极作用，通过稳定汇率提升了我国制造业竞争力，促成了前些年超常规高速增长。而这种操作内在的副作用则是我国无货币发行的自主权，却有持续超发人民币的压力。现在已是弊大于利，未来不再合用，应予改革。

改革办法之一是把央行货币发行基础切换成“国债”，其好处是获得货币发行自主权，但这又意味着国债必须与货币需求同步增长，从而导致国债大幅升高。因此，可考虑用一部分国债，但不宜全靠国债。

更为可行的办法是以上述宏观—战略基金中央行出资对应的权益资产，作为央行基础货币发行的基础资产之一，由此形成以战略资产、黄金、国债和外汇储备为主的多元复合的央行基础资产。当然，如何把当前 20 多万亿元的外汇储备，置换成战略资产与国债等多元资产，涉及具体的专业操作，需要深入的技术性设计。

大规模宏观—战略投资的长期回报

就项目本身而言，宏观—战略投资投资周期长，故在中、短期难有回报，但长期回报则有稳定、上升、可持续的特点。

首先，宏观—战略投资所形成的资产应该是国家长期发展中需要的战略性、基础性的要素供给能力，它会随着人均收入水平与经济总量的增长而相应增长，对其需求是长期存在的。同时，这类资产具有固定收益的特点，并不依赖竞争性行业中必需的企业家精神；而且，这类资产的收益水平往往与人均收入水平正向相关，因此具有资产收益跨时递增的特性。

就投资的外溢性效果看，这些战略投资可以说一投资就有回报。因为它很大部分是超级工程，直接拉动对过剩产能的需求，可以缓解这些行业的过剩程度，减轻产能压缩的难度。其中属于科研投资和劳动力升级培训投资的部分，则能增加收入从而拉动消费及第三产业发展。

总之，由宏观—战略基金对国家长期发展必需的战略性基础资产进行开发性投资，在当前，可以显著提高宏观有效需求，抬升经济增长的底部；在长期，更是具有良好回报的超级投资机会。

总之，要尽快结束三期叠加的经济下行期，进入中高速增长的新常态，急需实施在需求侧与供给侧同时发力的政策组合，而最佳选项就是投资，即把结构搞对的投资。为此，需要以更加宏观、长远的视野来理解结构与增长的辩证关系。在调整期讲“稳增长、调结构”；进入新常态时，则可讲“调结构、促增长”。其意思是：通过发挥投资的关键作用，用宏观战略引领的结构性投资带动产业、生态、能源资源、收入分配等诸种经济结构的调整优化，从而增强国民经济长期增长的潜力，提高经济长期增长的水平。

打破垄断 放松供给约束

滕 泰

万博兄弟资产管理公司董事

最近,“供给侧”这个经济新名词频见报端,中央层面也多次提及供给侧改革。有观点称,这意味着中国宏观经济政策思维已经出现重大转向。

供给侧改革强调从供给环节发力,提高供给体系质量和效率,为经济持续增长提供动力。那么,供给侧改革的内涵是什么?如何为解决中国经济当前面临的问题提供新的思路?《第一财经日报》记者就这些问题采访了中国新供给主义经济学代表人物滕泰。

滕泰认为,在这个时间点推动供给侧结构改革,不但抓住了经济运行的主要矛盾,而且起到了重新凝聚改革共识、扭转经济颓势的战略性作用。

他说,供给侧改革旨在刺激新供给、创造新需求,应该放开金融抑制,对企业大规模减税,增加企业的活力,并且打破垄断,促进市场自由竞争。

未来在五大“软财富”领域

第一财经日报（以下简称“日报”）：对于不少人来说，“供给侧”还是个比较新的概念。供给侧改革的内涵和推行路径是什么？

滕泰：刺激新供给、创造新需求，这是新供给主义经济学的微观理论基础，也是供给侧改革的基本出发点。

未来的新需求和新供给在五大“软财富”领域，即知识财富、信息财富、文化财富、金融财富以及其他社会服务业。

这五大软产业的主要财富源泉不是地球资源，而是人类的思维和活动，这代表了未来的发展方向。这五大软产业在美国整个产业中占79%，而在中国只占49%，差30个百分点，未来我们大有可为。

硬财富的制造业也要通过转型升级，培育更多的软价值。全美国的公民都开着底特律生产的汽车，但是底特律的经济一片萧条，而与底特律汽车相关的产业，比如说汽车装潢、汽车4S店、汽车金融、汽车广告等行业却都在赚钱。

不过，奔驰和特斯拉这两家汽车商是赚钱的。因为与传统汽车制造业不同，这两家企业与其说卖的是交通工具，不如说是艺术品，是环保和时尚。这就是新供给创造新需求的案例。

针对产能过剩的现状，有效的做法是通过“放松供给约束”的系列政策大幅度降低企业生产成本，打破生产销售僵局，让市场通过成本价格传导机制快速消化过剩产品，在较短时期内恢复均衡，并通过要素转移更新供给结构。

新供给创造新需求，不仅在宏观上是恢复经济均衡的必然循环，在微观上也一样。比如 iPhone 手机，在乔布斯创造出 iPhone 手机之前，世界对它的需求原本是不存在的，而一旦 iPhone 手机面世，新的需求就被源源不断地创造出来。一旦资本、资源、劳动开始向新供给集中，老产业的产能过剩将自然消除，整个经济不但恢复均衡，而且将开始新的增长。

日报：近期，中央层面频频提及供给侧改革。在您看来，在此时间点强调供给侧改革的必要性有哪些？

滕泰：这是扭转经济颓势、重聚改革共识的战略选择。2008 年和 2009 年，中美两国的经济都比较艰难，但在 2010 年以后，为什么美国和中国的经济走势出现了明显的不同？美国经济迅速走出衰退，中国经济却连续五年下行。

实际上，尽管美国搞了量化宽松，但真正推动美国经济走出衰退的，是以苹果产业链为代表的新供给、新需求、新动力。2010 年以后，以苹果手机为代表的智能产业和移动互联进入全面的新供给扩张阶段，带动了美国消费、投资的复苏以及出口比较大的反弹。所以 2010 年以后，美国经济逐步走出了衰退，走出了危机，进入一个上升周期，重新成为拉动世界经济的火车头。

反观中国，2008 年推出了以四万亿为代表的需求扩张政策。虽然 2009 年短暂快速反弹，但是 2010 年以后就进入了持续五年的经济下行周期。中国经济欲振乏力的原因是太多的产业处于供给成熟和老化的阶段。

十八届三中全会以后，大家对改革充满了期待，但是两年后，很多人对未来改革的方向有一点迷茫，改革的深度和力度都没有达到市场的预期。无论是土地流转，还是人口户籍制度、科技创新体制、金融体制的改革，或者垄断行业的改革，都没有达到两年前的预期效果。

这个时候推动供给侧结构改革，不但抓住了经济运行的主要矛盾，而且也能起到重新凝聚改革共识，扭转经济颓势的战略性作用。

放松供给约束，打破垄断

日报：供给侧强调从供给角度实施结构优化，以解决中国宏观经济遇到的问题。中国当下的供给处于什么样的情形？如何改变？

滕泰：当前中国经济受到三大供给约束：高行政成本、高融资成本和高税收成本。

2013 年上半年，我们重点呼吁放松高行政成本约束，主张让政府减少行政审批与垄断和管制。新一届政府近年来在这方面做了很多工作，大力降低企业居民生活和创业的行政成本，取得了一些进展，但是在放松垄断方面，还有很长的路要走。

2013 年“钱荒”以后，新供给主义的政策主张重点转向降低融资成本。2014 年 5 月，国务院常务会议提出来降低融资成本，11 月真正降息。不过，从 2015 年 3~7 月，才开始看到融资成本有所降低，但与国际上比较仍然偏高。

此外，应该大规模减税，放松高税收成本约束。在李克强总理的座谈会上，我提出减税3万亿元，减轻企业负担，激发投资和消费活力；同时发债3万亿元，吸纳社会闲置成本，解决现在资产配置荒的问题；还可以在未来还债时降低经济过热，熨平宏观波动，可以说是“减税发债，借力未来，一箭三雕”。

日报：供给侧改革如何破解备受关注的就业、房价和医改等难题？

滕泰：关于房价问题，应该扩大房地产的有效供给，包括增加保障性住房供给、增加房地产土地供给、改善房地产供给结构，这样才能从根本上解决城市居民的住房问题。

就业、医改等问题的根本解决办法，是公平分配、打破垄断、促进市场自由竞争。要遏制公共权力直接或间接参与财富分配。从未创造任何财富的行政权力参与财富的分配不仅是腐败的源泉，也会影响到其他要素创造财富的积极性。

要减少垄断对财富的瓜分。很多看似利润丰厚的企业，其实是靠垄断获取财富，这也是非常严重的收入不公平问题。所以，反垄断、放松管制，促进市场自由化、产权民营化，不仅是“放松供给约束、解除供给抑制”的必然要求，也是促进民营经济发展、促进就业的必要措施。

控制利用公共资源过度获取个体收入的现象。比如对于在经济制度不健全的阶段通过各种方法占有的土地和矿产资源、公共设施资源、海洋空间资源等，应通过以资源税为代表的税收政策予以调节，促进公平和效率。

对于创业企业或雇员人数、销售收入较小的小微企业应大范围免税。比如，可以考虑对符合某些条件（如雇员在20人以下、销售收入在100万元以下）的创业型企业在一定的创业期限内全部或部分免除所得税。只有这样才能刺激新供给，创造新需求。扶持大批小微企业成长、做大以后，政府的税收总额甚至还会增加。

像医疗、教育、能源等供给抑制和垄断、管制越厉害的地方，供给侧改革就越有意义。

降低企业融资成本

日报：如何看待及破解制造业企业及其他企业的发展难题？

滕泰：除了减税之外，还要放开金融抑制。目前，我国的居民储蓄和外汇储备世界第一，利率却偏高。有民营企业家以亲身经历比较了中美两国的制造业成本，最便宜的国内借款成本年利率为6%，是美国的2.4倍。

每个企业都有地租成本，但是现在土地价格高涨，很多企业背负了沉重的压力。有数据显示，2015年第三季度末，全国105个监测城市的地价，综合地价已经达到了240万元/亩，商业用地447万元/亩，住宅用地361万元/亩，工业用地也有50万元/亩，在北京一般用途的土地价格有很多达到每亩千万元以上。这么高的价格，企业很难负担得起。

此外，企业社保等成本偏高。假设企业给员工发2万元薪酬，可能到他手里只有1.4万~1.5万元，那几千块钱在当期就沉淀下来了。经济低迷的时候，却又有大量当期收入沉淀在社保或保险账户，变成几十年以后才能使用的消费，对企业和整个经济来说都是损失。如何降低企业在社保或者其他方面的缴费比例，也应该进行研究。

日报：目前大多数发达国家正在用数量化的货币政策代替财政政策，您能谈谈中国的情形吗？也有观点称，财政政策取代货币政策将成为趋势，您怎么看？

滕泰：西方国家和成熟市场经济国家基础设施完善，呈现“大市场和小政府”的格局，政府的财力有限，财政政策的空间不大。这两年无论是欧洲还是美国和日本，都是靠宽松的货币政策来刺激经济增长。

而中国由于有庞大的中央财政，赤字率比较低，所以过去几年利用财政政策扩大投资比较多，而且西部的基础设施投资还有很大的潜力。

货币政策或财政政策都属于扩张需求的政策，不属于新供给主义的范畴。不过，供给侧改革不能同需求侧的改革对立起来。我们认为货币政策和财政政策都能发挥作用，但是边际效应正在递减。

未来要重点推进供给侧结构性改革。当然货币政策和财政政策也要发挥必要的作用，但是要结合供给侧改革做些必要的调整。比如说财政政策的重点是推进中西部基本建设投资和民生工程，而货币政策的重点不在于数量，而在于如何通过各种方法降低企业融资成本。

我经历的中国巨变

瑞·达利欧
美国桥水基金主席
兼联席首席投资官

1984年我作为中国国际信托投资公司（中信集团）的嘉宾第一次来到中国时，中国呈现的是全然不同的景象。作为全国首家获批国际业务的公司，中信称作“窗口公司”。当时除中信以外，无一公司获得国际交易许可，这的确令人难以想象。

我受邀在中信大厦顶楼做了讲授国际金融市场知识的演讲。我看着外面的胡同，告诉在场的所有人，在打开国门后不久的将来，现在放眼可见的胡同将会消失，取而代之的是摩天大厦。

我新交的中国朋友告诉我，这是天方夜谭，并表示我根本不了解中国。他们当时并不明白打开国门后，拥有低成本劳动力对中国的未来意味着什么。当时中国的人均收入仅是美国人均收入的1/40，出口仅为270亿美元。如今中国出口已达到2.5万亿美元，增长了近100倍。中国人均收入也增长至美国人均收入的1/8。我们有理由相信，中美两国的人均收入有一天会持平。

1984年第一次来到中国时，我会携带几台价值10美元的计算器，那时它们被认为是神奇的设备。如今的中国已经拥有一些世界最领先的科技。当我第一次来中国时，65%的人用不上干净的水，如今96%的人都能用上。在1984年，人们无法自由选择自己的职业或从事的工作，大多数中国人都不能出国。而截至2015年，1.1亿中国人走出国门。

无论从什么角度看，中国都创造了历史上最伟大的经济奇迹。中国有13亿人口，却能保持每年将近10%的经济增长速度，然而中国人似乎并不满足于这些。

20世纪90年代的中国处于刚刚建立社会主义市场经济体制时期，正在摸索寻求资本市场的发展，当时我也参与其中。我记得当时到访过中国证券市场研究设计中心（联办），这是第一个创建并融合金融市场、股票和债券市场的小机构，当初参与设计的人现在都成了我的朋友。我记得走进了一个楼梯底下放有垃圾桶的旧旅馆，那里就坐着七个人，他们建立了金融市场并将之发展壮大。如今，虽然中国的市场仍有诸多进步发展空间，但就市值来说，中国的股票市场体量已位居全球第五位。

我注意到自第一财经成立以来，一直持续提供覆盖企业经济和市场的新闻。在这几年间，第一财经为鼓励高质思想话题的发表和汇总成立了专门机构。这么做提升了思想深度，我一直欣赏推崇高阶的思维品质，这是促成中国金融市场发展的一部分。参与中国的进步对我而言是个愉悦的体验。从中国的政策制定者以及中国的问题、挑战和机遇中我学习到了很多。

展望未来，我认为中国正走在一条正确的道路上，还将面临许多经济上的挑战，主要分为四大类。

第一类是债务重组的挑战，有一些债务未能被完全还清，必须债务重组。

第二类是经济结构调整的挑战，由于那些从前引领经济的产业正在逐渐丧失其领头作用，中国经济主体及运转方式必须与时俱进、以新代旧。

第三类是针对发展资本市场的挑战，中国必须发展股票与债券市场，这些市场的发展能使资本利用得到更加有效的循环，而要做到这一点本身就是一个挑战。

第四类是关于维持收支平衡的挑战，即货币和资本流动的挑战。开放市场后，资本得以更自由地流动，从而影响汇率，带来更大的波动性。

这些挑战细究起来皆重要且艰巨，甚至可能会吓到大家。

事实上，当你退后一步思考，许多国家都曾经面临过这些挑战。在美国,我们经历了三次重大的债务危机和无数次的债务重组，在很多方面都做了改变和转型。纵观历史，中国对于经济的结构重组和转型也取得了成效。

所以，在展望未来时，我深信必将存在很大的经济波动，也深信现行经济发展轨迹并无偏颇。

沿着轨迹走，中国将经历改革，变得更遵循法治，并更理解为什么有效发展的意义远高于快速发展。政策实施的持续性决定了其最终的正确性及有效性。如何走过一段更大波动的市场时期，对中国人的性格品质亦将是一次考验。

回顾中国历史上曾经经历的动荡以及取得的成就，我对中国的未来非常乐观。因此从短期来说，我认为未来中国市场会有更大的挑战和波动。这是一个激发中国全新潜力的过程，帮助中国人均国民收入接近美国，并走向繁荣。我坚信中国绝对有这样的潜力。

（本文为作者在 2015 年 12 月 12 日接受第一财经年度金融风云人物颁奖时的演讲，标题为编者所加）

合作四十年后的祝福

四十年合作

费慕礼
淡水河谷首席执行官

淡水河谷与中国已建立了长达42年的合作伙伴关系，追根溯源，往事令人澎湃。

1973年，一家名叫“伊塔比拉”的国际公司作出了一项兼具开拓意义与历史意义的决定——将10万吨铁矿石从巴西售往中国。考虑到彼时的巴西尚未与遥远的中国建立外交关系，这堪称一个高瞻远瞩的决定。当年7月，装载着第一批2万吨铁矿石的货轮驶离圣埃斯皮里图州维多利亚港的阿塔拉亚码头，出发前往远在地球彼端的中国。巴西由此成为世界上第一个向中国出口铁矿石的国家。

伊塔比拉是由淡水河谷在20世纪60年代后期为开拓国际业务而成立的一家公司。1973年和1974年销往中国的铁矿石仅占当时淡水河谷全部销量的0.1%，但其中透出的象征意义远比销量本身更耐人寻味。在巴西，此次出口具有里程碑意义。一年后，巴西即与中国建立了外交关系，这更加凸显出淡水河谷对中国发展前景的远见卓识。

此后，中巴两国双边贸易显著增长。巴西发展、工业及外贸部的统计数据显示，20 世纪 70 年代，两国间双边贸易总额仅有区区数千万美元，而如今这一数字已达到数百亿美元。2015 年仅前 10 个月，中巴两国双边贸易总额即超过了 626 亿美元。中巴两国双边贸易增长幅度之大着实令人瞩目。

今天的中国既是巴西最大的贸易伙伴，也是淡水河谷最重要的市场。2015 年前三个季度，出口到中国的铁矿石及球团矿已占到淡水河谷全部铁矿石及球团矿销量的 52%，这在 42 年前是难以想象的。

2015：中巴双边关系不断深化的一年

淡水河谷很自豪可以成为中巴两国双边经贸关系的基石之一，我们也期待两个大国能在未来进一步深化在社会、经济与文化方面的纽带。

2014 年和 2015 年，随着中国国家主席习近平和国务院总理李克强先后对巴西进行国事访问，中巴两国间的贸易与外交关系显著加强。淡水河谷非常荣幸参与其中，在中国国家领导人对巴西进行国事访问期间，我们与中国的航运企业、港口及金融合作伙伴签订了一系列的合作协议与合作谅解备忘录。

我们也十分欣喜地看到，中国的先进装备与服务供应商开始关注拉美地区，尤其是巴西的发展机会。作为中国的长期合作伙伴，淡水河谷多年来一直助力中国企业“走出去”，甚至早在“一带一路”的创新战略提出之前，我们就帮助中国企业在马来西亚、莫桑比克、巴西等海外市场发展。淡水河谷迄今在中国采购的设备与服务价值已超过100亿美元。我们由衷地希望，我们与中国之间的双赢合作在未来能够为其他中国企业提供可资借鉴的样板。

期待：见证中国又一伟大时期

中国已进入经济与金融改革的重要时期，这些改革已取得丰硕的成果，并引导整个国家朝着良好的方向发展。最近，人民币被纳入国际货币基金组织特别提款权篮子，全国各地的自由贸易区蓬勃发展，所有这些成就都引人注目、令人激动。

随着经济发展进入“新常态”，中国正致力于实现更可持续、更环保的发展模式，这一发展模式将带来更高的效益与更低的成本。中国正不断向产业链高附加值的一端转移，并致力于成为全球的创新中心，为实现到2020年全面建成小康社会的目标创造条件。

淡水河谷拥有相似的愿景，我们正致力于通过最高效的方式为中国客户持续提供最高品质的矿产品。

中国正在制定“十三五”规划，并加紧实施包括“一带一路”“京津冀一体化”及长三角和珠三角经济发展项目在内的众多宏伟项目，铁矿石、基本金属与煤炭等自然资源将在中国可持续发展与城镇化进程中继续发挥至关重要的作用。

与此同时，为了减轻污染、提高生产效率，中国需要更高品质的原材料。淡水河谷能提供世界上最高品质的铁矿石与基本金属产品，它们的杂质最低，能提高生产效率，节省燃料，降低排放，这与中国减轻污染的目标完全一致。

目前，淡水河谷包括 S11D 在内的主要项目均已进入收尾阶段，这些项目将进一步提高产品质量，降低生产成本。我们还与中国的合作伙伴紧密合作，不断寻求“拉近距离”的有效方式，将世界上最优质的矿产品从巴西高效地运到中国的钢铁厂。

我相信，淡水河谷和中国具备深入合作的必要条件与实现共同繁荣的双赢态度。我们之间拥有长达 42 年的合作历史，以此为基础，我们的合作前景无可限量。

第四篇
金融挑战

把脉“十三五”时期的金融改革

李 扬
国家金融与发展实验室理事长，中国社会科学院学部委员、原副院长

金融改革始终是整个波澜壮阔的经济改革中一个重要组成部分。过去金融改革一直都占据很大篇幅，但自从十八届三中全会开始，金融改革就不再以单独的形式体现在整个改革方案之中，十八届五中全会以及五中全会通过的“十三五”规划的建议依然保持这样的风格。这是一个理念的变化，金融必须要服务于实体经济，因此对于金融改革的所有问题必须要沿着实体经济发展的需要来展开。

首先看实体经济背景。经济增长的速度有所下滑，但是质量和效益都在提高，可持续性也在增强，对于当前经济增长速度逐渐下降的状况我们需要有一个理性的认识。中国经济发展的变化主要有两个因素：一个是国际因素，因为中国是国际社会上越来越重要的一部分，国际金融经济的走势一定会与中国产生相当大的共鸣。另外一个因素是，中国的经济结构发生了重大变化，如人口红利、工业化、城市化和国际化。虽然市场化还在深入，但是不会有爆发式的影响。人口的红利已经消失。工业化已经结束，中国在完成传统工业化的尾声进入到新兴工业化。国际化现在看来即便不是负能量也并没有对我们的经济增长产生促进作用。如此的结构变化使我们进入了结构性减速。

在“十三五”时期，中国经济的增长速度可能还要下行，主要的因素有三方面。第一，在经济结构和技术条件没有明显改善的情况下，环境质量、温室气体在影响着经济。第二，经济运行存在很多风险，金融改革一个绕不过而且必须要首先解决的问题：在经济增长速度缓慢下行的时候，不良资产会比较快上升，它会干扰并影响所有的改革措施。第三，我们的增量在扩大，在总量扩大的情况下，就意味着在规模上也是比较大的规模，客观规律告诉我们这个情况使我们的经济增长速度也会下行。

“十三五”面对的形势依然比较复杂，一些战略预期的内涵也发生了变化。第一，中国经济发展的动力发生了变化。过去30多年来，中国的增长是在世界经济快速增长的大背景下发生的，我们比世界经济增长得还快，但是现在这样的情景不存在了，我们需要寻找新的动力。第二，我们靠国际市场的扩展，在国际市场扩展的过程中用我们的比较优势来占据更大的份额，当扩大速度减慢，我们的比较优势也发生了变化，所以必须要靠内需的发展。第三，我们利用经济全球化的深入发展，过去人口是我们比较优势的条件，而现在不再是了，我们必须努力创新和发展创造新的比较优势。第四，我国过去是利用原有的国际经济规则，但是现在发达国家要打破这个国际规则，对于这样的事情我们需要有所应对。第五，我们要参与国际规则的制定。我们需要建设，但是政治、经济、外交、军事也需要全面照顾到，最近这几年我国把相当大的精力都放到外交上也表明了中国的变化。

外界因素风云变化，“十三五”就是在这样的背景下展开的。金融改革要遵循服务于实体经济的原则，五中全会的表述是要提高金融实体经济的效率，这就意味着金融原来是服务于实体经济的，只是效率不高。在金融要服务于实体的原则下有两个主要任务。一个任务是要服务于五大发展理念：创新、协调、绿色、开放、共享。另外一个任务是要创造一个有效的风险管理架构，以此来应对今后可能出现的规模或许会不小的不良资产。

在这样的形式和背景下，一些领域是值得注意的。首先是知识领域的创新。在“十三五”规划建议之中讲到创新是引领发展的第一动力，必须把创新摆在国家发展全局的核心位置。在过去30年里，中国的创新是以学习为主要特征的，而如今的情况不同了，我们在少部分领域和发达国家处于同一水平，在大量的领域也是居于非常有竞争力的地位，但发达国家对我们还有戒心，这把中国推到了必须自主创新的位置上。因此整个经济体系金融体系要转到自主创新上来。创新不是发表论文、申请专利就可以了。创新不是要落实到创造新的增长点上，而是把创新变成实实在在的产业功能。以前认为自主创新就是搞科学，创新就是搞技术，而现在创新是要把技术变成GDP、就业等。所以应该是从经济的角度创新而不是从科学的角度创新，我们整个的体系要向这个方面进行转移。

现在金融结构分两种类型，第一是以金融机构为主，第二是以市场直接融资为主。通过比较就会发现，直接融资为主的金融机构较之间接融资的金融机构更能够支持创新。这有一个深刻的道理，那就是以银行融资为中心的金融体系是不允许犯错误的，而创新是经常犯错误的。因此我们就要构建出一个允许犯错误，允许大家表达意见的金融体系。间接融资时人们或许没有表达意见的渠道，比如你把钱放到银行时它会代替你表达集体意见。银行表达的意见是大多数人都能够支持的，因此它几乎是不可能支持创新的意见的。所以我们必须创造一个能够让大众表达意见，能够容忍它犯错误，而且能够提供一个让大家反反复复去试的体系。因此就需要直接融资。十三届五中全会再次重申发展直接融资的原因就在这里。

中国经济的过去、现在和未来无论如何转型，投资都是一个极其重要的因素。中国经济要在“十三五”期间保持在6.5%以上的经济增长水平上，我们只能依赖投资，因为国际环境恶化，所以出口不会有改善。国内的消费需求因受制于非常多的因素，我们刺激了这么多年也没有改善。所以可以控制的因素还是创新，而创新创业的第一步就是投资。发挥投资的关键作用在三中全会的时候并没有写进去。现在五中全会说要发挥投资的关键作用，因此我们就必须要支持投资。从金融的角度支持投资，首要问题是有没有钱？研究显示，从1994年开始中国已经不缺钱了，这么多年来大规模外汇的增长意味着国内的储蓄在国内不能够完全被消化，而且我们还要给别的国家使用。中国缺什么？第一个问题是我们有期限的错配。我们在现在的体系下所动员起来的资金都是短期的，但是在中国面临这么大的工业化、城市化的道路过程中遇到的需求都是强势的，这也是全世界的问题。亚投行之所以一经中国提出后全世界都响应，是因为全世界都是长期投资基金不足。有的国家是资金不足，中国是资金充分但是长期投资不足。第二个问题就是在投资的过程中是否用债务融资，是形成资本还是形成债务。中国的问题就是大量的是债务，而资本的形成是散的。所以要支持投资，要让投资发挥关键作用。金融改革的方向就是两个：第一提供长期的资金，第二提供权益资金。我们要发展资本的市场，尽管6月以来资本市场出现了一些不尽如人意的情况，但是资本市场的发展依然要坚定不移。IPO（首次公开募股）要重启，按照过去的逻辑，这五年不开都是可以的，但是“新三板”进一步扩大，注册制一定要推行，不管资本市场出现了什么问题，中国经济下一步少不了资本市场的支持。

谈到资本市场的时候要转变一个观念：不要以为资本市场就是股票市场。资本市场包括债券市场，也包括各种各样的商业票据市场，总之是要从交易的角度来考察资本市场。毫无疑问，现在的主要问题是发展多层次的资本市场。当我们把“大众创业、万众创新”说得耳熟能详后，大家都没有仔细想过大众创业时的钱从哪里来？那些刚刚开始的企业，该如何得到资金？另外，中国的金融资源高度集中在中央，但现在的发展重任在地方。

关于对中国发展的支持，发挥投资关键作用的还有一个领域就是机构，比如长期的信用机构。这一点我们重视不够，中国的最大机构就是商业银行，但商业银行不是供应长期资金的，三中全会已经有系统的表述。三中全会号召我们要成立着眼于城市基础设施的金融机构，要着眼于城市化的金融机构，要着眼于住房的金融机构。这些都是我们现在急需的机构，在“十三五”期间需要有大的变化。

在“十三五”期间我们还有一个重要的任务就是降低杠杆率。降低杠杆率已经成为国家战略。这一次全球危机是一个杠杆率太高的危机，因此要战胜危机就必须去杠杆化。我们看到发达国家的杠杆没有去掉，数据显示他们的杠杆率在七八年来都有所提高，背后的原因是很深刻的。

我们的实验室这些年在不断地做国家资产负债表，在表中能观察到中国国家杠杆的变化。从 2009 年开始杠杆率是在升高的，比如说中国居民杠杆升高，中国居民本来是不借钱的，但是现在开始借钱了。21 世纪初，都鼓励借钱消费，例如买房、买车等。在股市危机之中都看到有机构鼓励居民借钱炒股等现象，这样的措施就使中国居民的杠杆率提高，这样的提高虽没有达到危险的程度，但是趋势是值得我们关注的。

最值得关注的就是非金融机构的杠杆率。2009 年之后非金融机构的杠杆率在逐渐提高。1996~2002 年中国非金融机构的杠杆率是很平稳的，只是在危机之后，在 9 万亿元的银行贷款之后，杠杆率就提高了。这个杠杆率是非常危险的，我们要特别关注中国非金融杠杆率的变化。我们分了三个指标，第一个是资产负债率，资产负债率上升了 5 个百分点；下一个就是企业负债占 GDP 的比重；最后一个是综合的杠杆率，从 2008 年的 98%提升到 2014 年的 149.1%。与美国相比，美国的情况是居民的杠杆率高，政府杠杆率高，但是企业杠杆率不高。而中国是居民杠杆率不高，政府杠杆率也不算高，但是企业的杠杆率高。至于两个国家的经济结构不同和政策结构不同，企业如果出问题，银行马上就会出问题，接连导致的就是财政出问题,财政出问题就会引起经济问题。所以，对中国非金融企业杠杆率的提高必须要予以足够的警惕。

关于如何降低杠杆率，由于杠杆率是分子对分母，所以就可以对分子的情况和分母的情况分别讨论。关于分子，首先是用优良资产去填不良资产，但是在实际中不可行。美联储在解救危机的一开始就是针对不良资产，但发现不良资产在市场范围内越卖越不值钱，所以在这种情况下着眼于卖优良资产填不良资产的空会是一个不归之路。另外就是政府担任，现在确实是在做。政府有一个本价效应，可现在买下来容易，但是今后一定是资本增加和债务增加，我们会发现这只是把问题推到了后边。在分母方面就是稳定增加 GDP，反复比较之后会发现，只要债务危机没有发生任何变化，只有一个笨办法就是等待 GDP 增长把它稀释掉。当走上了债务的道路，就必须要走过一个长期的艰难过程。我们还有杠杆转移，这个基本上都能够解决分母的问题，但是会使其变成企业债务、银行债务和居民债务，然而这都不能解决总的杠杆率太高的问题。

此外，政府部门的杠杆率是缓慢提高的。2014 年杠杆率不到

60%，仍是在可控的范围之内的，但如果保持目前这样的经济缓慢下行的格局，如果我们的投资需求又比以往更加大，那么政府的杠杆率提高是难以避免的事情。所以我们做了一个课题， 研究日本、美国、欧洲在经济增长速度比较低的情况下，政府债务以及它的影响力，这是现在必须要考虑的事情。

最后一个就是在“十三五”规划期间的改革，要健全商业性金融、开发性金融和合作性金融分工合理、相互补充的金融机构体系。回想过去的金融改革只有一个方向，就是市场化和商业化，而这次明确提出了政策性、开发性、合作性（金融）。这说明我们依然在危机恢复的过程当中，所有的举措都不可能仅仅依赖商业性金融去完成。无论不良资产还是问题机构，都必须要有政策性措施、开发性措施以及合作性措施。美国遇到问题的时候也要用政策性措施来解决。从发展的角度来看，对中国甚至对世界来说就是基础设施，就是所谓再工业化和城乡一体化，都需要大规模的投资，而这些投资都不是商业性的，或者说这些投资都不具有商业可持续性，因此与之对应的融资安排就不能只是商业性的，它有大量的政策性和大量的开发性，甚至还有大量的合作性。所以如果认定今后的10~20年都将是这样，那么我们所面对的投资都是不具备商业的可持续化，完全用商业的手段去应对是有问题的。所以五中全会提出了相互配合的目标，下一步我们会看到中国的金融结构会向这个方面转变。

在这个方向上就需要创造新的投融资机制，要发展普惠金融，投融资机制就是要解决城市的基础设施问题。这个任务在三中全会就已经提出，但到现在没有进展，五中全会继续提出。

总之，“十三五”时期是一个变化很大的时期，有很多理念发生了变化，改革的方向也会有调整，应该说这是一个翻天覆地的时代，我们应为处于这个时代感到荣幸。中国有能力进行转变，中国梦是一定能够在这样的金融体系下实现的。

（本文根据作者2015年12月12日在第一财经金融峰会上的演讲整理而成，标题为编者所加）

丝路基金如何助力“一带一路”

金　琦

丝路基金董事长

2014 年 11 月 8 日，习近平主席在 APEC 会议期间宣布，中国将出资 400 亿美元成立丝路基金。这是中国支持“一带一路”建设的重要举措。一年来，丝路基金边筹备组建，边拓展业务，按照市场化、国际化、专业化的运作原则，在功能定位、投资理念、管理机制、业务模式等方面开展了积极探索。目前,公司功能体系基本完备、业务架构基本成型，项目投资取得了实质性进展，日常运行已经走向正轨。

“融合”与“转型”这两个概念深度契合“一带一路”建设的宗旨和精神,也完全契合丝路基金的运行理念。关于在“一带一路”框架下实现经济的“融合”与“转型”，我有以下几点看法。

第一，融合与转型是对更高层次开放型经济的内在要求。

“一带一路”建设倡导的是构建全方位、立体化、多层次的互联互通，这也是更高层次的开放型经济的特征。其中，“融合”是要在区域经济中推动经济要素的融合、资源的融合、市场的融合，通过推动经贸和投资活动，推动相关国家和地区优势互补、互利共赢，实现共同发展。“转型”则是在融合过程中的自我更新和提升，通过装备“走出去”和国际产能合作，促进产业链、供应链、价值链在更广阔的市场空间加速整合，重塑企业和行业竞争优势。总的来看，在“一带一路”框架下，中国经济与区域经济、全球经济正在加速互动和整合，向更加包容、更加开放、更加可持续发展的新模式和新机制转变。

第二，金融业可以充分发挥促进融合与转型的作用。

在中国金融业适应经济运行新常态，不断深化对内对外双向开放的进程中，一项全新的使命是服务“一带一路”建设，促进互联互通。资金的融通既是互联互通的重要组成部分,更是跨市场、跨区域配置资源要素，是促进融合与转型的重要支撑。

金融支持“一带一路”建设需要资本思维，就是要探索以资本“走出去”助推企业“走出去”，促进产业与资本相互融合、促进产业升级发展。工业化国家的经验表明，以资本“走出去”带动优质产业和装备技术“走出去”，实现产能合作，是工业化发展的必经阶段，也是实现结构调整、形成全球产业链和价值链的主要途径。

长期以来，中资企业在“走出去”过程中普遍存在股权支持不足的问题。以债权为主的融资方式较多地支持了以承包为主的项目类型，这种单一模式不利于形成可持续的境内外互利共赢产业链模式。因此，金融支持企业“走出去”，需要通过创新投融资支持方式，加大运用股权投资、配合债权、基金、信贷、信保及本币外币等多种融资方式和多币种组合，支持企业在“走出去”中实现产业链合理布局。

第三，关于丝路基金的探索和实践。

丝路基金的功能定位，是以中长期股权投资为主的多种投融资模式，支持装备制造业“走出去”和推动国际产能合作，实现“一带一路”框架下的共同发展和互利共赢。

一年来，丝路基金立足于支持和发挥中国资本与中国经验、优质产能和优势装备的组合作用，通过中长期股权投资，帮助企业解决对外投资中的资本瓶颈问题，支持企业境外项目拓展和运营。2015 年以来，丝路基金先后宣布了三单实质性项目投资，分别是支持三峡集团在巴基斯坦和南亚投资建设水电站等清洁能源项目、支持中国化工集团并购意大利倍耐力公司、购买俄罗斯亚马尔液化天然气（LNG）一体化项目部分股权。这几项投资的共同点都是通过“股权 + 债权”模式，支持行业领军的中资企业在海外投资运营。这三个项目比较充分地体现了丝路基金的投资理念，分别代表了我们在绿地项目开发、国际市场并购、支持能源合作等重点领域的积极尝试。

从这三单实践来看，丝路基金通过股权投资增加企业或项目资本金，降低整体负债比例，相应提高项目的融资能力。与此同时，通过参与银团贷款等形式，我们还对项目提供进一步融资支持。有了资本的支持，中资企业就有能力参与投资项目的后期运营，就可进一步融入所在国经济发展，支持当地就业和产业布局，更有助于促进技术升级、绿色发展、价值链再造等可持续发展的长远目标。

第四，融合与转型需要多层次的对接。

在丝路基金成立之初，我曾提出对接、效益、合作、开放的运作原则，其中“对接”是核心原则。“对接”的内涵实际上就是优势互补、互利共赢，我认为这是对“一带一路”框架下开展经贸投资合作的总原则，是有效推进融合与转型的重点所在。概括起来，对接原则体现在以下几个层面。

一是战略规划的对接。我们常说“一带一路”建设并不是中国自己的事情，而是与“一带一路”沿线各国和地区共享中国改革开放成果，是将中国改革开放经验继续复制，从而实现各国各地区共同发展的愿景。同样，有关各国也有各自的发展战略，比如哈萨克斯坦的“光明之路”计划、印尼的“发展海洋经济战略”、欧洲的“容克计划”，等等。“一带一路”建设要实现与各国、各地区发展战略相对接，就需要各参与方理解彼此关切，关注彼此利益，解决彼此难题，从而在共识基础上实现相互融合和战略对接。

二是资本与产业的对接。“一带一路”框架下，企业“走出去”要避免继续简单复制低端工业制造、单纯工程承包和粗放经营的模式；资本支持也不应仅满足于扩大“信贷规模”的模式上。资本与产业的对接要体现在支持优质企业向提升跨国运营管理能力、自主创新能力和资源整合能力转型，支持企业发展向价值链高端升级转型，从而真正实现金融支持实体经济、支持经济结构调整、支持“一带一路”建设的核心目标。

三是产业链的对接。“一带一路”建设是资源和产能整合过程，也是产业链的再造过程，是带动产业链上的相关企业直接或间接“走出去”的过程。在“一带一路”的框架下，企业能否直接“走出去”并不重要，重要的是企业是否在“走出去”的产业链条上。一些具备比较优势的大企业“走出去”，必然要对接或输出国际标准，通过核心技术提升、强化运营管理，巩固其领军地位。与此同时，它们也会将装备制造等相关需求和技术标准传导到产业链的上下游企业。一些没有技术升级能力的中低端企业会被淘汰，另一些企业则可通过创新转型、适应新技术标准实现“借船出海”。商务部研究院、国务院国资委研究中心、联合国开发计划署驻华代表处联合发布了《中国企业海外可持续发展报告 2015》，其中的调研问卷显示，中国企业普遍认为海外经营的主要竞争对手依次是：中国企业、其他国家跨国公司和当地企业。这表明，企业“走出去”伴随着优胜劣汰的激烈竞争，才能实现与产业链的对接和再造。我们希望这是一个有利于结构调整的有序竞争过程。

四是风险与收益的对接。风险是企业“走出去”过程中始终需要高度关注的问题。《中国企业海外可持续发展报告 2015》中披露，中国企业海外经营盈利情况为：13% 的企业盈利可观，39% 的企业基本盈利，24% 的企业基本持平，而其余 24% 的企业目前暂时处于亏损状态。这说明，仅有一半的中国企业在海外经营中实现了不同程度的盈利。由于“一带一路”沿线国家存在很多市场机制不健全、法律制度不完善、政治环境不稳定的情况，更需要加强对风险的评估和防控。项目评估和尽职调查要尽量全面、详细和客观，投资方案中要充分设计风险的缓释和补偿机制，基础设施和公共服务类项目要争取所在国的政府担保，相应地也要坚持与风险相对等的、合理的投资回报。风险与收益的对接与平衡是保障项目运营取得成功的基础，也是推进“一带一路”建设，实现共同发展的基础。

（本文根据作者2015年12月12日在第一财经金融峰会上的演讲稿整理，标题为编者所加）

投资非洲正当时

迟建新
中非发展基金董事长

2015年是中国与非洲合作的大事年。继2006年中非合作论坛北京峰会后，时隔十年，中国国家领导人与非洲40多位国家元首再次相聚，在全球政治经济新格局下规划中非合作的未来。

为此，约翰内斯堡峰会后的2015年终，《第一财经日报》独家专访了中非发展基金董事长迟建新。

中非发展基金是中国对非投资的主力平台，也是中国第一支专注于对非投资的股权基金。2015年中非约翰内斯堡峰会上，习近平主席再次宣布为中非发展基金增资50亿美元，基金规模达到100亿美元。

中国企业在非洲大陆的投资，多处都能看到中非发展基金的影子。无论是在南非开普敦外40公里的小镇亚特兰蒂斯海信家电产业园内，还是在西非加纳支线航空AWA公司的首航仪式上，抑或是在东非坦桑尼亚莫罗戈罗省的剑麻农场，以及北非埃及苏伊士经贸园区内，中非发展基金的旗帜与海信、海航、中农发、天津泰达等中国企业的旗帜一起飘扬着，昭示着中非发展基金与中国企业在支持非洲发展方面的共同努力。

曾任国家开发银行投资业务局局长的迟建新，于2007年“从零开始”领导中非发展基金，担任7年基金总裁的他于2014年8月开始担任董事长。

2013年迟建新在《求是》杂志上发表题为《非洲经济：真实的增长与转型的挑战》的文章称，“伴之以持续的努力与变革，非洲将迎来期盼已久的结构转型与经济起飞”。

2013年以来，非洲多数经济体遭受全球金融危机和能源大宗商品价格下跌的影响，但迟建新认为，非洲长期发展的趋势没有改变。非洲仍然是全球最有希望发展的大陆，增长潜力最大。中国与非洲的合作前景广阔。

“长期来看，放到5～10年以上的周期，我对非洲的发展充满信心。”迟建新说。

迟建新表示，当前形势下，有远见的投资人应该及早地到非洲投资布局，现在是投资成本相对较低的时候。

在2015年12月4日中非合作论坛约翰内斯堡峰会宣布成立初期规模100亿美元的中非产能合作基金之前，中非发展基金是中国唯一的对非股权投资基金。对此，迟建新表示，中非发展基金作为业务范围覆盖产能合作等全方位领域的对非投资先行者和排头兵，十分欢迎中非产能合作基金的加入，愿意发挥自身八年积累的经验和优势，与中非产能合作基金探讨投资合作，携手推动中非合作提质升级。

迟建新坦承，根据他个人的理解，“中非发展基金和中非产能合作基金，在支持中非产能合作和中国装备制造业‘走出去’方面，会有交叉、有合作，将来可能免不了竞争。”“但对于支持非洲发展、支持中国企业赴非投资来说，中非发展基金的100亿美元是远远不够的。再加上中非产能合作基金的100亿美元也是不够的。大家有着广阔的合作空间。”

第一财经日报（以下简称“日报”）：中非发展基金在中非合作论坛约翰内斯堡峰会上再获50亿美元的注资，规模达到100亿美元。新注资对中非发展基金发展意味着什么？

迟建新：这说明国家对中非发展基金前八年的工作是肯定的，也说明八年前中国设立中非发展基金的决定是正确的。中非发展基金支持中国企业到非洲投资，起到了中国企业和非洲项目之间桥梁与纽带的作用，在推动中国企业“走出去”、支持非洲“三网一化”建设、中非国际产能合作和装备制造业“走出去”等方面做了大量先行先试的工作，发挥了示范效应。

经过八年多的投资实践，中非发展基金积累了丰富的经验，培养了相应的人才，有能力在支持中国企业“走出去”方面做更多的事情，发挥更大作用。

对中非发展基金来说，增资无疑扩大了基金未来的发展空间，进一步提升了基金支持中国企业到非洲投资的能力。

中非发展基金将在现有50亿美元资金基础上，早日推动新增的50亿美元资金到位。通过这些资金，中非发展基金将与中国企业在对非投资方面进行更多合作，做更多工作。

日报：下一步中非发展基金有哪些重点发展方向？

迟建新：习近平主席在约翰内斯堡峰会上提出了中非“十大合作计划”，为中非投资合作指明了方向。下一步，中非发展基金将围绕其中重点领域加大支持力度。

第一，将在公路、铁路、区域航空网及电力等基础设施领域加大前期项目的开发，帮助中国企业发掘更多投资机会。

目前，越来越多的中国企业对到非洲投资非常感兴趣，但在寻找项目尤其是好项目方面有一定困难，所以我们希望联合其他企业，在寻找项目、培育项目、运作项目等方面发挥重要作用。

我们已经与中国葛洲坝集团工程有限公司、中国土木工程集团有限公司、中国电信集团国际有限公司、鼎亿集团投资有限公司、长江勘探规划设计研究有限责任公司和中国恩菲工程技术有限公司等六家中国企业，发起设立了“中国海外基础设施开发投资公司”，探索加大基础设施项目前期开发和策划，在条件成熟后可引入或推荐给其他中国企业进行投资。

第二，希望推动中国企业抱团出海、集群式“走出去”。

从中非发展基金八年多的投资实践来看，单个企业，特别是加工制造业企业，在非洲投资建设生产以后，上下游供应和市场配套不足，产业链发展受到限制。中非发展基金希望发挥平台作用，结合我国对境外园区的鼓励政策，积极推动中国企业集群式“走出去”。

在这个过程中，中非发展基金将与中非双方各级政府、企业和同业金融机构通力合作，将中国的优势产业聚集成群，在产业链上配套“走出去”，与非洲本地的比较优势对接，与园区建设和产能合作相结合，助力非洲工业化发展。

第三，通过开发更多工程建设等项目，带动中国标准和装备制造业“走出去”。

中国装备制造业“走出去”，如果不与工程建设项目相结合，在短时间内会有一定困难。一般来说，企业落地前，要考虑产品销往哪里的问题。如果没有用户和市场，企业在当地生产就不具备条件，就很难长期生存。如果装备制造业企业贸然“走出去”，直接建设生产厂，就会面临市场问题。

而如果有大型建设项目带领工程机械设备、大型的运输设备、装载设备，重型汽车、高铁“走出去”，就会比较容易。因此，工程建设项目的开发和实施，不仅能帮助当地改善基础设施条件，同时也为我们的企业寻找到了新的投资机会，可以帮助中国装备制造业“走出去”，并通过开发掌握项目源头，参与规划、设计和规则制定，将中国标准推向国际市场。

中非发展基金新发起设立的这个基础设施项目开发平台（即前述中国海外基础设施开发投资公司），就是要在加大项目前期开发、带动中国标准和装备“走出去”方面积极作为。

第四，有选择地与有实力的中国农业生产及加工企业合作，支持非洲农业开发，支持由初级产品向深加工的产业链延伸方面的合作，增加当地农产品的附加值。

第五，结合国家政策，支持民生领域的合作，其中包括医疗卫生设施的建设与合作，教育培训的相关合作，以及改善当地居住环境的项目等。

日报：中非合作论坛约翰内斯堡峰会前，也就是三期20亿美元增资落实之前，据了解，中非发展基金决定的投资金额（32亿多美元）超过了到位资金规模，您怎么看？

迟建新：原因有两个。一是外界对中非发展基金的投资需求非常大，我们也在为三期资金到位提前储备可投资项目。二是在投资运营过程中，中非发展基金已经回收了一部分资金，在一定程度上具备了继续滚动投资的能力。今后我们还会进一步提高投资的流动性，实现资金滚动运用，支持更多对非投资项目。

日报：在中非合作论坛约翰内斯堡峰会期间，中非发展基金与联合国工业发展组织、比尔盖茨-梅琳达基金会、非洲开发银行和中国国际商会签署合作协议。中非发展基金为什么会做出这样的跨区域跨领域合作决定？

迟建新：中非发展基金在约翰内斯堡峰会期间选择的四家合作伙伴都非常有代表性。

第一个是联合国工业发展组织，其在推动全球贸易便利方面有优势，能通过发展规划等与各国合作，推动贸易便利。中非发展基金支持中国企业开展对非产能合作的同时，需要考虑产能合作产品的市场适用性问题，为扩大用户群，有必要打通从非洲市场向其他发达国家市场的销售渠道。

与联合国工业发展组织合作，一方面将扩展在非洲合作企业的国际市场通道，另一方面有利于通过它提高当地政府的参与度和支持力度，使工业投资项目与当地比较优势有效结合，提高市场竞争力。

第二个是非洲开发银行旗下的非洲50基金。非洲开发银行是非洲最大的开发性金融机构。非洲50基金关注的是非洲未来50年的长期发展，也注重基础设施项目的前期开发，这与中非发展基金和中国企业合作的基础设施开发平台目标相近。双方合作有利于从非洲自主发展的角度，更好地选择项目、策划投融资结构，共同设计未来基础设施项目建成后的运营和管理模式。

第三个是与比尔盖茨－梅琳达基金会的合作。该基金虽然是慈善基金，但其希望把中国的生产能力与非洲相结合，惠及更多的非洲民生领域，譬如健康医疗、非洲减贫等方面的中小企业项目。双方将在理念一致的情况下，共同选择项目，支持改善非洲当地民生，提升健康医疗水平。双方还将设立联合开发基金，对一些具体项目进行投资。

第四个是与中国国际商会的合作。国际商会是中国与海外合作的最大民间商业协会，在推动中国企业“走出去”和加强与国外商会交流等方面有很多客户资源和联系渠道。双方合作将帮助中国企业更好地对接非洲项目，并带动更多有兴趣的企业到非洲投资。

日报：中国对非合作开始提出与第三方国家在非洲合作。这是否意味着中国对非合作思路的转变，逐步告别单打独斗、孤独探索的方式，而选择与多方互补合作实现共赢？

迟建新：中非发展基金与上述四家机构的合作，都有互补性和互利性，得到了中国政府的支持。这表明，通过中国企业多年来的对外投资实践，中国政府鼓励与第三方开展对非投资合作的态度是明确的。

中非发展基金在这方面做了一些尝试。除了上述合作外，此前中非发展基金已经与联合国农业发展组织和农发基金建立合作关系，并与英国国际发展署签署了合作协议，共同研究中国在非洲投资企业与欧洲市场对接问题，共同开发非洲市场，把中国和非洲的联合制造能力与欧洲尤其是英国的市场相结合。为了更好地与英国合作，我们还与联合国和 WTO 双重下设的国际贸易中心（ITC）建立了三方合作。

实际上，中非发展基金在探索如何更好地推动中非投资合作的过程中，已从单纯地推动在非洲投资，向着促进在非投资与国际市场对接的方向发展，以便于“非洲制造”更好地适合国际市场的需要。

这是因为，在培养非洲当地需求的情况下，还要更多地帮助非洲提高其国际竞争力，帮助其出口创汇，缓解外汇不足；延长产业链、增加产品附加值，改善当地民生。同时，为了解决中非贸易不平衡问题，我们也在帮助研究在非洲生产适合中国市场需要的产品，提升当地产品附加值后再向中国出口。

日报：为中非发展基金增资的 50 亿美元属于商业性投融资资金。同无偿援助、无息贷款、优惠贷款和出口信贷相比，商业性投融资资金能发挥怎样的作用？

迟建新：除援助类资金以外，非洲自身的发展越来越需要商业性投融资支持。商业性投融资要求所投项目具备商业可持续性，资金投入能培育其商业化和市场化运作能力，从而实现自我良性发展，帮助政府发展经济而不增加政府的负担，这就是中非发展基金一直讲的支持非洲“造血”能力建设，支持非洲自主发展。

由于非洲国家政府负债能力有限，进一步扩大由政府承担的优惠性债务资金受到一些限制。非洲政府应该通过政策调整、基础设施环境改善等措施，更多地吸引商业化投资。

我认为，一个国家和地区可持续发展能力的强弱与商业性资金进入的多少成正比。商业化投资的增加表明非洲可持续发展能力的增强。

本次峰会中国政府推出的600亿美元一揽子资金支持中，既有援助性资金，也有商业性资金。这表明了中国政府对非洲未来可持续发展的信心和扩大支持的决心，也是对中非发展基金支持企业赴非投资事业的极大鼓舞。

当然，援助性和优惠性债务资金的进入也会更好地带动商业性资金的增长，为商业性资金的良性运转提供条件，两者是互补的。

日报：在中非金融合作加快，涌现出更多对非或涉非合作基金、金融机构（政策性和商业性均有）的新潮流下，中非发展基金如何面对新的对非合作局面？中非发展基金与新宣布成立的中非产能合作基金将是什么关系？

迟建新：中非发展基金经过八年多的对非投资实践，积累了丰富的对非投资、国际合作经验及人才队伍，我们愿意与新的投融资机构共同合作，共同支持中非经贸合作战略。我们将继续发挥自身优势，支持中国企业“走出去”，也愿意为新设立的机构，提供一些帮助和服务。

对于中非产能合作基金，我们在支持中非产能合作和中国装备制造业“走出去”方面，会有交叉、有合作，将来可能免不了竞争。但对于支持非洲发展、支持中国企业赴非投资来说，中非发展基金100亿美元是远远不够的，再加上中非产能合作基金100亿美元也是不够的，大家有着广阔的合作空间。

譬如在聚集产能合作的工业园区方面，目前中国政府在非洲支持的七个园区我们都在跟踪，其中已经实际支持了两个，即埃及泰达苏伊士工业园区和尼日利亚莱基自贸区。在帮助园区招商引资方面，中非发展基金也做了一些工作，积累了一些经验，实际上已经在先行先试，未来会带动更多企业和同业机构做下去，将前期经验与共同促进中非产能合作、支持非洲发展的投资方分享。

今后还会有更多的投融资方式和机构加入到支持非洲发展的队伍中来，包括来自中国的，也会有来自国际的。事实上，支持非洲的发展，就是支持全球的发展。支持非洲的发展不只是中国的需要，也是世界的需要。我们愿意以开放的心态与各方合作，推进共同发展。

日报：当下，中国经济进入新常态，全球能源大宗商品价格下跌，中非合作面临一些新的挑战，应该如何应对？是否要转变合作模式？

迟建新：在全球没有完全摆脱金融危机、大宗商品下跌的情况下，非洲一些完全依赖资源输出的国家，经济发展受到了影响。在新的历史时期，非洲国家的确需要转变经济增长模式，除了初级的资源能源出口外，要更加重视深加工，提高当地的附加值，实现多元化发展。

当然，这需要一个过程。在这个过程中，既可以推动非洲国家的工业化建设，也可以通过调整产业结构，带动更多就业和出口。而这个过程也恰好是中非产能合作的好时机，适应了中国经济发展新常态的需要。中非合作，除了要推动双边经济发展外，还要更好地融入国际市场，推动国际产能合作，改善产业结构，提高工业化生产能力，提高国际竞争力。

埃塞俄比亚就是一个很好的范例。埃塞俄比亚本身资源并不十分丰富，通过吸引中国企业到当地开展农产品加工和制造业投资，带动了其他国际投资者进入，实现了经济较快发展，同时受金融危机的影响相对较小。这也从侧面证明了经济结构改善和发展模式转变的重要性。

日报：2013年您在《求是》杂志上发表文章，当时各界对非洲及整个新兴市场的发展非常有信心。但2014年至今，非洲等很多新兴经济体面临很大的经济困难。现在您对非洲的经济前景怎么看？您对非洲的判断有哪些变化？

迟建新：在我个人看来，非洲长期发展的趋势没有变化。习近平主席在约翰内斯堡峰会上指出，非洲快速发展势头锐不可当。非洲仍然是全球最有发展希望的大陆，增长潜力最大。中国与非洲的合作前景广阔。

近年来全球金融危机和大宗商品的价格下跌，对非洲经济发展的条件和基础产生了非常大的影响，使非洲发展速度和工业化进程受到一定冲击，也影响了国际投资者的信心。

但长期来看，放到5~10年以上的周期来看，我对非洲的发展充满信心。对投资人来讲，不能只考虑眼前短期利益，而一定要考虑长期利益，要根植于非洲，从非洲当地实际需要出发，做好在非洲长期发展的规划。因此，有远见的投资人，应该及早地到非洲投资布局，现在正是投资成本相对较低的时候。

我们也相信，本次峰会以后非洲国家的政治和经济环境将会不断改善，以增强包括中国在内的国际投资人的信心。

日报：有观点认为，2013年中国提出建设“一带一路”的倡议会削弱非洲在中国对外合作中的地位，您是否认同？为什么？

迟建新：这是一种误解。应该说，非洲在中国对外合作中的地位从来没有变过，且在“一带一路”倡议下被提升到了更高层次。

建设“一带一路”是2013年习近平主席提出来的国际合作倡议，经过两年的发展，其内涵和外延不断丰富，贯穿了亚、欧、非大陆。本次《中非合作论坛约翰内斯堡峰会宣言》提出，积极探讨中方建设“丝绸之路经济带”和“21世纪海上丝绸之路”倡议与非洲经济一体化和实现可持续发展的对接，为促进共同发展、实现共同梦想寻找更多机遇。

《中非合作论坛——约翰内斯堡行动计划（2016~2018）》也指出，非方欢迎中方推进“21世纪海上丝绸之路”，并将非洲大陆包含在内。这说明，国家对中非合作与“一带一路”建设是统筹推进的，二者将相互促进、共同发展。我们欢迎致力于“一带一路”建设的企业，将非洲作为练兵场，共同加大对非投资合作。

日报：在中非合作中，中国在非洲的参与投入也遇到了一些不理解和非议。中国应该如何化解应对？

迟建新：中非合作符合中非双方的发展需要，中国企业在实际项目运作中应该秉承习近平主席提出的“真、实、亲、诚”合作理念和正确的义利观。中非发展基金在引导中国企业投资非洲的过程中，特别强调要充分考虑当地政府机构和民众的需要，倡导企业积极履行社会责任。

事实上，从中国30多年的发展经验来看，发展是带动当地人民走向富裕的最好方式。没有发展，当地人民的生活水平不可能得到改善。投资带动当地经济的发展，是企业履行的最大社会责任。新时期的中非产业对接与产能合作，将帮助非洲提升初级产品加工能力，提高当地产品的附加值，通过增强非洲自身“造血”机能，实现互利共赢。

同时，我们也支持中国企业根据自身特点，在当地多做一些惠及民众的好事。如中非发展基金与海信集团合作投资的南非家电产业园项目，除为当地提供2500多个就业岗位外，还支持当地孤儿院、养老院、社区学校等公益事业，每年将利润的一定比例捐给当地用于发展青少年教育事业，并于2010年起为南非当地高校提供“海信优秀学生奖学金”。这些贡献使项目公司成为“国际种子基金”的种子公司，进一步提升了中国企业在非形象。

又如中非发展基金与中农发集团合作投资的坦桑尼亚剑麻农场项目，不仅为当地提供1100个就业岗位，还与中国农业大学联合承担了中国国际扶贫中心在非洲的第一个村级减贫示范项目——佩雅佩雅村（Peapea Village）减贫学习中心项目，并于2012年在达累斯萨拉姆举办"第三届中非减贫与发展会议"，得到国务院扶贫办的高度肯定。

但是确实也有个别企业在对非经贸活动中存在不规范的地方。这要靠中国和非洲各国政府间的协调，使企业更加规范地遵守当地法律法规和履行社会责任。同时，要加大宣传引导，增强和非洲的信息交流，加深中非双方的了解，消除双方文化差异，实现习近平主席所倡导的"文化融通、政策贯通、人心相通"，为中非合作创造良好的舆论氛围。

迎接更多变革的2016

沈联涛

香港大学亚洲国际研究所杰出研究员，清华大学兼职教授

2015年如同过山车一般经历大起大落。全球金融市场在6月触顶后下滑，始于席卷而来的A股风暴，蔓延于下半年美联储加息预期的增强。对于多数投资者而言，2015年结束时面临“颗粒无收”境况。

对于大多数的全球投资者，2015年主要的担忧可能来自中国新常态下的经济增速放缓是否会带来“硬着陆”，以及大宗商品价格，尤其是原油价格的持续下滑——有分析认为，2015年年末降至36美元/桶的原油价格还会在不远的将来降至20美元/桶。

当然全球经济也不乏亮点，但也存在问题和面临挑战。2016年美国与印度将有望成为持续增长的经济体，而与此同时包括欧洲和日本在内的大多数经济体将进入增长迟滞的平台期。大宗商品价格下跌压力将对包括中国在内的新兴市场国家带来负面影响。尽管较低的原油价格似乎对进口国有利，但原油和大宗商品的出口国却苦于收入的大幅减少。

至于全球股票市场，似乎对于全球进入“低油价时代”的事实还没能完全消化，主要的石油生产者以及投资于昂贵的替代能源的投资者将会发现，开采和研发的成本在如此低廉的价格下根本无法收回本金。这很有可能会造成利润被挤压以及提高银行冲抵相关投资贷款的结果。

由于中东地区对石油收入的依赖，导致低油价对地缘政治的影响非常明显。如果中东地区的政治局势以及领土冲突如当前所见到的持续恶化，全球石油生产国的需求将受到冲击，因为这些国家将会削减进口的同时要援助其盟友如埃及，这对中东地区的稳定至关重要。

此外，国际货币基金组织和世界银行（World Bank）已经开始担忧全球贸易增长率低于 GDP 增长率这一问题。鉴于中国扮演着全球主要进口国及出口国的角色，因此对于这一问题的后续发展起到了至关重要的作用。如果中国的 GDP 增速能够稳定下来，将会扭转全球贸易增长放缓的局势，但如果中国经济进一步放缓，对于全球贸易而言将是雪上加霜。

眼下，世界正在经历又一个强美元周期，国际清算银行（BIS）曾警告称，回顾历史，强美元周期往往伴随着新兴市场危机的出现。20 世纪 80 年代初，强势的美元及其高利率导致了拉美债务危机的出现；90 年代后半期，强美元也成为导致亚洲金融危机的主要原因之一。

套息交易是诱发这些危机出现的重要因素。所谓的套息交易即借入美元或其他类似的低息货币，兑换成高息货币，在繁荣的资本市场将高息货币重新兑换成低息货币来获利。这也解释了为什么 2008~2011 年美联储实施的量化宽松（QE）政策对于新兴市场而言是重大利好。因为随着美国利率下行，美元走弱，美元成为绝佳的套息交易货币。如果对冲基金和理财经理借入美元、日元和欧元等所有伴随 QE 而贬值的货币，并在新兴市场进行投资，便可以一箭双雕——负债减少，资产升值。

然而，随着美元的走强，套息交易的套路被反转，新兴市场正面临更大规模的资本外逃，更大的货币贬值压力以及更为严重的资产缩水。典型的例子便是巴西，经历了货币贬值，通胀高企，即使利率上升资金流出仍在继续，最终导致经济上以及政治上的不稳定。

哈佛大学教授劳伦斯·萨默斯（Larry Summers）认为美国正在经历长期停滞，这意味着在很长一段时间内，美国经济将保持缓慢增长以及低通货膨胀，而解决问题的方法在于更多地将凯恩斯投资理论应用于基础设施，同时减少对于通货膨胀的担忧。

众所周知，上一次全球面临长时间的停滞，始于 20 世纪 30 年代，直到第二次世界大战才结束。在非常深刻的变化之中，我们很容易在“以史为鉴”的过程中变得悲观。

至少有五种环环相扣的力量共同塑造了全球的经济与政治环境——人口、地缘政治、地缘经济、技术和气候变化。

第一，发达国家面临老龄化，而贫穷的国家有失业的年轻人，这就是为什么劳动力向城市迁移，正如今天的欧洲迎来大批难民。第二，从地缘政治上来看，我们正在从单极化迈向更加难以预测的多极化，不稳定的局势导致冲突频发。第三，正如前面所提到的，货币政策也开始进入未知领域——负利率以及大量的央行干预。第四，技术对于社交媒体、互联网、机器人技术和生物工程等领域引起的观念、工作和机遇的改变，令人眼花缭乱，倍感震撼，在日新月异的技术变革下，没有“铁饭碗”可守。第五，我们已经迎来了几个世纪以来最热的一年，北京、新德里空气污染十分严重，至少在2015年圣诞，联合国气候变化大会在巴黎对气候变化达成了一定共识。

问题之一是，我们还在用20世纪的标准来评判21世纪的变化。GDP可以很好地衡量实物投资及交易，但远不能衡量技术革新对于知识、服务和生产力方面造成的影响。会计准则对财富的衡量依旧有效，但谷歌和阿里巴巴究竟估值是多少，主要衡量的是技术与创新的价值，绝非实在的砖头、建筑或是基础设施。

世界越来越面临着共同的威胁——恐怖主义、气候变化、污染、腐败、失业，影响着几乎每一个人的方方面面，但在解决方法上仍然存在巨大分歧。这也解释了极端化观点，以及极端主义下弥漫的无助与恐惧。

然而，半杯水承载的是希望还是失落，全在观念之差。巴黎气候大会证明，若能相互聆听，求同存异，在通力合作的道路上仍有希望。

2016年又将成为变化多端的一年，我们期待它变得更好。

互联网金融的新时代

姚余栋

中国人民银行金融研究所所长

2015年3月，李克强总理在政府工作报告中首次提出实施“互联网+”行动计划；7月，《国务院关于积极推进“互联网+”行动的指导意见》正式出台，其中“‘互联网+’普惠金融”是11项重点行动之一。同样在7月，央行等十部委联合印发了《关于促进互联网金融健康发展的指导意见》，按照“鼓励创新、防范风险、趋利避害、健康发展”的总要求，提出了一系列支持互联网金融规范发展的政策措施。

在互联网金融加速创新和迅猛发展的同时，各种问题和观点也纷至沓来。市场同质竞争、无序竞争、违规经营问题增多，P2P（个人与个人）平台倒闭频发，部分第三方支付机构牌照被注销，互联网金融未来如何发展引人深思。

互联网金融研究与监管也受到了中国人民银行的重视。2015年，中国人民银行研究局和金融研究所专门成立了互联网金融研究中心。

中国人民银行作为实施宏观调控和互联网金融监管的部门，应当如何全面客观地评估互联网金融，如何加强与改善监管、促进其健康持续发展，如何看待互联网金融的理论动态和实践进展？

近日，为解答业界对互联网金融发展的疑问，中国人民银行金融研究所所长、中国人民银行互联网金融研究中心主任姚余栋与其团队推出新著《新金融时代》，并就此接受了《第一财经日报》的专访。

第一财经日报（以下简称“日报”）：您认为未来互联网金融发展的趋势是什么？

姚余栋：我总结了互联网金融发展的十大趋势：第一，国家的支付体系进一步完善，为互联网金融奠定了基础。第二，互联网的法律法规体系初步建立。第三，互联网金融综合经营趋势更加明显。第四，互联网金融风险特征依然显著，互联网金融的本质仍然属于金融，没有改变金融风险的隐蔽性、传染性、广泛性和突发性的特点。第五，互联网金融使金融普惠共享的程度得到提高。第六，互联网的征信应用更加广泛。第七，双向并购使互联网金融与传统金融进一步融合。第八，大数据、云计算、区块链的技术作用进一步强化。第九，互联网金融地理空间重新集聚，当前互联网金融呈现出一定的区域集中性的特点。第十，互联网金融国际化趋势加速，我国在整合供应链以及帮助中小企业依托互联网大数据进行融资等方面走在世界的前列。

日报：2011 年以来，随着我国互联网金融的兴起，众筹模式从发达国家进入我国，行业快速发展，但也出现了很多问题。应当如何看待众筹在中国的发展？

姚余栋：2011年，众筹模式在我国迅速发展，首先兴起的是P2P网络借贷，随后奖励众筹在国内逐步扩张。与此同时，随着国内互联网金融的快速发展，2014年，我国股权众筹异军突起，或将成为我国多层次资本市场的一个重要层次。

根据融资者提供的标的产品和投资者的参与目的，众筹大体包括四种类型：奖励众筹、捐赠众筹、债权众筹和股权众筹。

虽然我国众筹发展历史较短，但已经呈现蓬勃发展的态势。截至2014年年底，我国P2P平台已经超过1500家，全年融资金额已经超过2500亿元。

众筹是互联网与金融融合发展起来的典型产业，由于融资门槛低，自从引入我国以来呈现快速发展势头，成为我国“大众创业、万众创新”的重要推动力。不过，作为经济领域的新生事物，众筹本身具有的风险也在逐渐显现，现有的监管法规或制约不足，或管制过度，都不利于我国众筹行业健康发展。

日报：从监管的角度应该怎么看待众筹？

姚余栋：当前我国股权众筹尚处于发展起步阶段，相关监管法规还是空白。从股权众筹在我国多层次资本市场中的发展定位以及发展措施等五个方面，我国发展股权众筹可遵循“五四三二一”框架。

“五四三二一”框架即股权众筹的战略定位是新五板市场；基于当前我国经济发展阶段和投资者群体的风险承受能力及资金实

力，将投资者群体分为私募、大私募、小公募和大公募四个层次；根据小微企业融资规模设定三个市场准入和信息披露标准；严守两个行业发展底线，平台不能设立资金池，平台不能为融资项目提供任何担保（包括隐性担保）；严格遵守一条法律红线，即不能突破目前《公司法》和《证券法》规定的200人上限。

我认为对P2P行业应该遵循这样的监管思路：

首先，网络借贷等互联网金融发展的核心和关键在于风险管理和控制。当下国内P2P行业风险控制将突出表现在如何保障互联网渠道和资金安全方面。

其次，完善征信体系，建立P2P评级（评分）系统。科学、合理的风险评估和评级（评分）是P2P网络借贷平台核心竞争力的重要体现，是服务借贷双方提高投融资效率的关键，也是允许投资者根据自己的风险偏好自主选择投资产品的前提。

最后，加强平台信息管理，进行充分的信息披露和风险揭示，确保投资人和借款人明确各自的权利义务，如实披露包括公司治理情况、平台运营模式、业务数据等平台经营信息，供客户参考。

日报：目前我国互联网金融呈现出了综合经营的趋势，并且涉及多元业务领域，完善的内部控制和风险管理体系是开展金融业综合经营的前提。对于风险防范您有何建议？

姚余栋：应高度关注互联网金融综合经营对金融体系的稳定和发展可能带来的风险。建立一套既有助于发挥互联网金融综合经营优势，又能够有效防控综合经营风险的监管体系至关重要。

但目前，对于金融控股公司，我国尚未明确其监管部门，互联网金融部分业态监管的实施细则也尚未出台。因此，我提出一些政策建议。

第一，尽快明确金融控股公司监管主体。在“分业经营、分业监管”的现行金融体制下，金融控股公司是我国发展金融业综合经营（包括互联网金融综合经营）的可行模式。建议尽快研究出台《金融控股公司法》，对金融控股公司的法律性质、涉及的业务范围、内容管理、行为规则、监管模式、法律责任等予以明确的规定。

第二，加强互联网金融的监管协调，发挥央行的牵头作用，充分利用好金融监管协调部际联席会议制度，尽快完善金融跨行业信息共享机制。

第三，建立金融各行业间、金融与实体间的风险“防火墙”。对整个金融控股公司与集团外单一交易对象的总交易金额进行控制，并规范各子公司间的相互投资，加强集团内部关联交易监管。

此外，要完善互联网金融清算体系，加强互联网金融综合经营统计与监测，建立完善消费者权益保护机制。

“强势人民币”则经济强

2015年，中国外汇市场风云变幻——人民币汇率从年初的贬值预期强烈，3月初逐步稳定；8月11日新汇改的推出，再次带来人民币对美元汇率的下跌；经过了10月的稳定，进入11月，在岸人民币连续下跌，资本外流压力加大。未来的人民币汇率将何去何从，中国央行关于汇率的每一次表态，都引发全球市场的关注。

管 涛

中国金融四十人论坛
高级研究员

近期，中国金融四十人论坛高级研究员、国家外汇管理局国际收支司原司长管涛提出，中国可以效仿20世纪90年代的美国，实行“强势人民币政策”，他同时提出了未来汇率改革的具体办法。

《第一财经日报》记者独家专访管涛，详解“强势人民币”的内涵，并对中国的国际收支新常态和外汇管理政策进行解读。

第一财经日报（以下简称“日报”）：近期，您在一些场合提出一个观点是，中国可以效仿美国实行“强势人民币政策”，当下的中国和当年的美国有哪些相似之处？

管涛：20世纪90年代，美国的“强势美元政策”出台，有一个背景就是美国对汇率调控的方式改变了，由直接干预转向口头干预。所谓口头干预就是人家问你，政府对汇率有什么态度？假如说自由浮动，那么如果政府想干预就没有借口了，等于捆住了自己的手脚；如果你说汇率太强了，等于你认为汇率高估了，就会制造市场恐慌，大家都会抛售美元，造成美元更软。只有讲强势美元，才能给自己留下很大的空间，政府既可以干预，也可以不干预，强了也可以干预，弱了也可以干预，等于给政府一个比较大的操作空间。

中国当前也是这样的一个情况。这次“8·11新汇改”给市场感觉比较大的一个变化是，人民币同美元脱钩。原来人民币盯住美元，大家认为是既定事实，都感觉不会变的，现在变成不确定的事情，大家都很想知道中国政府的汇率政策是什么。货币政策可以是紧的、松的或者中性的。但是汇率政策，不能说升值的政策、贬值的政策或者稳定的政策。现在我们通常的表达是说稳定的政策，实际上是捆住了自己的手脚。

“8·11新汇改”之后，市场一度产生恐慌，原因是2015年上半年中国已经对外表态，不希望看到人民币继续贬值，但是8月份汇改后直接的结果却是人民币汇率下跌，所以市场形成了很大的困惑。

日报：但同时您又强调，强势人民币并不代表人民币只能升值，应该如何理解"强势"和"升贬值"之间的关系?

管涛: 当央行逐渐退出对外汇市场的干预,让市场发挥作用时,人民币汇率会有涨有跌。至于最终人民币是涨还是跌,那是汇率市场化的自然结果,但很多市场人士喜欢把结果强加在央行的头上,认为汇率的涨跌是中国政府的所谓汇率升值或者贬值的政策,那是市场一厢情愿。中国政府什么时候说过把人民币贬值当作当前的汇率政策?只不过现在的情况下,为了稳增长,采取降准降息的货币政策措施。至于降准降息之后,改变了市场预期,导致市场外汇收支行为发生变化,从而产生人民币汇率下跌现象,那是市场交易的结果。

央行的汇率政策是灵活的,当强则强,当弱则弱,不是人为设定一个水平,为了稳定这一水平,而牺牲国内的经济。以为强势就是升值,我觉得这是对强势人民币政策的狭隘理解。升值还是贬值都是中性的,汇率水平变化是"双刃剑",不要人为地贴一个价值标签,做一个道德判断,以为升值就是好事,贬值就是坏事,或者贬值就是好事,升值就是坏事。

日报: 所以,您还提到一点就是"对内平衡优先,做对利率比稳定汇率更加重要"?

管涛: 对内平衡优先,就是把自己的事情做好。中国是一个大国,在开放的经济环境下,中国经济好了,世界经济就好,海外持有人民币资产才能真正有高回报。不能只是想当然地认为,政府只有保持人民币汇率的稳定,才能维持大家对人民币资产的信心,如果为了稳定汇率,而牺牲了国内经济金融的稳定,最后肯定是维持不住的，不可持续的。

比方说，现在有资本外流的压力，也有经济下行的压力，这种情况下，应该通过降息的方式来稳定经济，但是降息可能会造成资本外流压力进一步加大，这时候汇率的稳定就要让位于利率的调整。

日报：您对汇率改革提出的建议是：市场汇率是可变的，汇率水平是可信的，汇率变化是透明的，外汇干预是例外的。对此应该怎样理解，具体实现的途径是什么？

管涛：所谓汇率是“可变的”，就是汇率随着经济基本面的变化，能上能下、能涨能跌，涨和跌都不影响强势货币政策的基本表述。

所谓“可信的”，就是市场价要围绕中间价上下波动，成为一个可交割的价格，这一点通过“8·11 新汇改”已经有了巨大的进步，未来需要进一步努力的是在岸和离岸人民币价差的缩小，这一点在 2015 年 12 月 2 日国际货币基金组织（IMF）对人民币加入特别提款权（SDR）篮子的评估报告中也有提及。造成这一结果的原因是，两地不同的价格形成机制，由于在岸市场有管制的存在，套利不够充分，市场没办法出清。未来当人民币成为可兑换、可自由使用的货币后，这些问题就解决了。

所谓“透明的”，就是要正确理解汇率的涨跌，到市场上找原因，而不是去政策上找原因。价格不是政府设定的价格，而是市场交易出来的价格。要做到这一点，需要政府逐渐退出对外汇市场的常态干预，做到政府对外汇的干预是例外的。

“例外的”情况包括：一是当外汇市场出现背离基本面的剧烈

波动，可以干预，不论是升值还是贬值；还有一种情况就是，短期内外汇市场剧烈的波动，会造成市场信号的紊乱，这时候也可以干预。不同情境下，干预策略是不一样的。如后面一种情况下，应该主要是被动干预，即不去影响价格水平，而是给市场提供流动性，平滑市场，避免因为流动性的缺乏出现剧烈的波动。

日报：看第三季度以及前三季度国际收支平衡表，资本和金融账户逆差以及储备资产的减少幅度都非常大，尤其是在第三季度，非储备性质的金融账户逆差2239亿美元。一些分析人士已经在用“持续恶化”这样的表述来形容当下的跨境资本流出情况。站在外汇管理的角度，现在这种规模的减少还在我们的容忍范围之内吗？

管涛：2015年前三季度外汇储备实际降幅（去掉估值效应）是2271亿美元，以目前我国3万多亿的外汇储备规模来看，这一水平并不多。如果按照传统的衡量外储是否安全的标准，我国早就超过下限标准，一般都认为是3~4个月的进口，或者能够应付当年到期的外债，从传统指标来看，我们远远超过了警戒标准。当然，我们也不能够对此掉以轻心。如果外汇储备的下降持续较长时间，就有可能形成预期自我强化、自我实现的资本外流压力不断加大，最终在某个时点上就可能演变成一个非线性的、发散的过程，而非一个线性的、收敛的过程。

日报：这是不是意味着我国经常项目和资本项目双顺差的时代已经一去不返，未来国际收支和外汇储备应当呈现怎样的状态？

管涛：以后国际收支“双顺差”不应该有了。新常态应该是经常项目有多大的顺差，资本项目（非储备资产和金融账户）就有多大的逆差，贸易顺差越大、资本流出就越多，储备资产基本不变。目前外汇储备的减少是阶段性的，主要原因是资本大量流出，带来汇率调整的压力，央行为了稳定汇率通过抛售外汇储备的方式，为市场提供流动性。未来，随着央行逐渐退出干预，外汇储备资产的变动，就主要是储备投资收益，外汇市场上自求平衡，自主出清。

日报：与之相对应的是我们的外汇管理政策导向和工具是不是也要发生相应的改变？

管涛：大的方向是用宏观审慎代替原来的外汇管制。外汇管制是按照居民和非居民的界限来区分的，是针对居民和非居民的交易进行管制。而宏观审慎不区分居民和非居民，只是从风险角度考虑，只要有发生风险的可能性，不管是对居民还是对非居民都要进行管理。比如说，此前宣布采取远期购汇征收20%的外汇风险准备金，作为防范系统性风险的措施，这叫宏观审慎。如果不让我国的企业到境外去做什么，或者限制居民和非居民之间的交易，这叫资本管制措施。

未来，即便是人民币资本项目逐渐开放，宏观审慎也是存在的。而且，从国际上来看，很多宏观审慎措施不是危机应对的措施，而是常规的措施。像很多拉美国家，在危机时引入托宾税，危机过去后，没有废除该制度，而是把税率降到零。2014年欧盟也曾讨论引进金融交易税制度，以抑制对欧元交易的过度投机。

两种办法的效果，从短期来看，外汇管制会比宏观审慎更直接，但是中长期就不一定了，市场主体会找到新的方法来规避管制。综合来看，在开放经济条件下，以价格手段为主的宏观审慎会比行政手段在逆周期调节方面更加有效。

金融钓愚的微妙设计

罗伯特·希勒

2013 年诺贝尔经济学奖得主

如果你试图为金融市场难以有效运转寻找佐证，只需探究围绕美国众筹市场的举步维艰和是非争议便可略知一二。经过三年的深思熟虑，美国证券交易委员会（SEC，下称“委员会”）于 2015 年颁布最终裁决表示，允许集资众筹。然而新的监管框架对满足提振全球众筹的目标仍相差甚远。

真正的众筹，或者股权众筹，指的是网络平台销售公司绕过传统风投或投行，直接向大量中小投资者销售初创公司股票的行为，概念类似于网上拍卖。与敞开大门将自家家具卖给全世界不同的是，众筹旨在快速集资，可能部分企业及银行家们尚未能理解其中的奥妙，但这裁决着实令人兴奋。

美国以外的监管机构往往更随和通融，一些众筹平台也早早开始运行。例如，荷兰的 Symbid 以及英国的 Crowdcube 皆成立于

2011 年，然而众筹至今都未成为国际市场的一个重要组成因素。没有充分的创新和有效金融监管，这一情况就不会发生改变。考虑到当下的经济模式未能合理涵盖人类行为的可操纵性及不正当性，官方在监管众筹时可能面临一些壁垒。经济学家们往往分析描述人类理性和诚实的一面，而忽视了他们的口是心非。因此，众筹的风险被大大低估。

众筹的风险与其说来自于明目张胆的欺诈，不如说是来自微妙狡猾的设计，以一种所谓开放式的欺诈进行渗透。例如，利用商业企划中的漏洞玩弄市场中容易轻信的外行人，稍稍提到或仅以超小字印刷商业风险提示等为典型。

正是这种不完全诚实又不完全不诚实的行为，被业内人标榜为“引以为傲的诚信”。他们坚持认为这不是欺诈，只是面对客户或多或少有些小疏漏罢了，虽然小疏漏的集合最终能让他们尝到甜头，但这仍与诚信无关。

在我和乔治·阿克洛夫（George Akerlof）的新书——《钓愚：操纵与欺骗的经济学》（*Phishing for Phools:The Economics of Manipulation and Deception*）中提到，我们认为将不法行为纳入经济理论是根本途径。我们应更尊重、感恩所处的经济平衡，甚至说“钓愚平衡”的盛世，个别情况发生的个别不诚信行为，都会给竞争激烈环境下的企业带来重大冲击。勤奋努力及敏锐果敢的人们往往能够在商业大战中脱颖而出，然而就算是这样，他们也不得不对欺诈行为保持微妙的态度。

委员会对众筹的新规定相当复杂。众筹的基本概念是将数据传播给数以百万计的人。要知道，我们中大多数的人，甚至是最聪明的人也无法准确掌控未来突破性的商业机会。著名经济学家弗里德里希·哈耶克（Friedrich Hayek）于1945年曾发表言论称：世间仍然存在许多非常重要但仍未被有效组织的知识构架，依据对知识的基础概念理解，它们在某种程度上甚至不能被归类为科学的知识。

就这一点来说，实际上每个人都有一定的优势，相较于他人而言都拥有其独一无二的信息，并有可能将之有效利用并转化为利益。当然，最终信息是否能被有效转化取决于信息本身对决策是否起决定性作用，以及决策人本身的积极性等。然而问题在于，真正的“独家信息”的有效性往往面对欺诈，即信息本身未必真实时，将显得异常脆弱。这就是为什么将分散化的信息知识转化为新商业模式的过程，必须在公正诚信的监管框架下有序进行。然而，委员会对众筹的监管规定并未像想象中那般广撒触角。

2012年美国立法，要求委员会为众筹平台制定相关规定指出，所有初创公司每年不得筹集超过一百万美元。这一规定对资本欺诈而言几乎毫无威慑或限制作用，甚至可以说是一个错误，应立即被立法纠正。仅一百万美元的年筹资对于企业而言不仅微不足道，且会局限公司的创新及发展格局。当然委员会针对欺诈也出台了相关规定，尤其指出，众筹平台必须为投资者提供沟通渠道，保证投资者可以与筹资方代表人就发行等相关问题进行有效沟通。

这一规定在众筹层面属于基础中的基础。委员会能做的并不局限于将众筹双方的沟通透明化与自由化。更进一步来说，委员会应当“要求”平台中介赞助安装监控系统，实时监控防止干扰及虚假信息评论等。委员会及其他监管机构还应推动中介机构建立一个信息记录及信誉总结平台，并对那些经常做出有效“点赞”评论及发表有价值评论的人们予以一定奖励，这些有效评论都能成为未来公司价值体现的有效证据。

总体来说，金融系统的成功运转从根本上依托于人与人之间的信任与信心，从反面说两者如同怀疑和恐惧一般错综相连。这正是为何集资众筹已经被提到一个国际高度，金融诈骗必须被扼杀在萌芽状态的缘由。有关监管部门加快相关法律法规的有效制定势在必行。

（本文根据作者在接受第一财经年度金融书籍奖项时的感言整理，张苑柯编译）

第五篇
商业力量

中国商学院需弥补三大差距

陆雄文

复旦大学管理学院院长

2015年12月中旬，参加完GMAC（管理专业研究生入学考试委员会）董事会会议的复旦大学管理学院院长陆雄文刚刚回到上海。

作为中国内地首位进入GMAC董事会的商学院院长，陆雄文在2015年的会议中了解到，和国内MBA（工商管理硕士）一样，2015年，中国学生申请国外MBA动力明显减退。

“2015年对中国管理教育来讲，是非常不利的一年”，陆雄文说，因为宏观经济形势不好，各行业都不太景气，企业在培训方面的预算也在收紧，个人对职业发展规划也多有延迟。

“中国现在最缺的是管理，缺大批受过系统管理教育训练的、既有国际视野又能够切实扎根本土的专业管理人才，”陆雄文对《第一财经日报》记者表示，“中国管理教育发展与经济发展是互为因果的关系，中国要成为世界第一大经济体，必须要有和世界第一大经济体相匹配的高质量的管理教育。”

在过去十多年间，中国 MBA 国内申请人数每年都以 10% 以上的速度在增长，但是陆雄文注意到，从 2014 年开始增速放缓，而 2015 年基本没有增长。同时，2015 年 EMBA（高级管理人员工商管理硕士）招生市场也受到多种因素的影响而显著下滑。

2014 年“限读令”出台，禁止官员和国有企业高管读 EMBA，大多数商学院的申请人数都下滑了 20%~40%，因为在它们的生源结构中，20%~40% 都是来自上述人群，特别是东北、西北、北京等国有企业集中的地区。

长三角地区上述生源占比相对较少，EMBA 学生来源以外资企业和民营企业为主，但是经济不景气，使民营企业和外资企业也压缩了资助高管读 EMBA 的预算。

美国现在每年培养 15 万 ~18 万名的 MBA、EMBA 学生，中国每年培养 MBA、EMBA 学生不到 5 万人。“人才的短缺会成为经济改革与发展的掣肘和瓶颈，甚至会成为经济产生系统性风险的一个重要原因，因为当今中国，大规模、高消耗、低成本的时代一去不复返了，赚快钱、赚容易钱的时代结束了。经济要转型，企业要错位竞争、集约发展、深耕市场，就必须依靠管理，可管理专业人才供给跟不上。”陆雄文说。

如果对中国经济持续稳定发展有乐观的预期的话，他认为，MBA、EMBA 还需要大力发展。假设 10 年后，也就是 2025 年，中国经济规模同美国相当的话，那中国 MBA、EMBA 的培养规模也要同美国相当，每年的 MBA、EMBA 学生也要达到 15 万 ~18 万人，更何况中国人口是美国的三倍多。

不过，中国商学院还面临着国际商学院对高质量中国生源的竞争。比如，正逐渐扩招 MBA 学生的牛津大学赛德商学院，2015 年开始就专门设有针对中国学生的 6 万英镑“Oxford Creat”（牛津创造）奖学金。

实际上，近十年来，中国已成为美国之后第二大向全球商学院输出高质量生源的国家。“中国申请人毕业于国内的名校，大多有在跨国公司和大型国有企业、民营企业工作的经验，他们通常英语流利、心态开放，有很好的沟通技能，在全球市场上很有竞争力。”陆雄文说。为了争夺生源、发展多元化群体、提升国际化水准，很多西方商学院都设立了各种奖学金吸引中国最好的学生。

分析这种趋势，陆雄文认为，一是中国总体上管理教育的质量还没达到世界先进水准，还不能满足中国最有竞争力的学生的求学要求；第二，中国经济迅速融入全球体系，使那些有远见的学生更倾向于去西方学习，拓展全球视野，为其在全球背景下的职业发展做好准备；第三，跟西方商学院的市场策略有关，它们认识到了中国生源的优异背景。

“为什么中国经济转型升级十分艰难，为什么很多行业经常出现价格战等不理性的竞争行为，为什么一些企业发展波动很大，抓住机遇就高速发展，碰到瓶颈就迅速跌落，跌宕起伏很大？”陆雄文说，“这都是由于缺乏受过专业训练的管理人才的把控。”

当然，陆雄文也注意到，尽管申请人数增长速度放缓，2015 年中国管理教育也有一些积极的迹象。第一，更多的管理学院在努力提升管理教育的质量，走内涵发展的道路；第二，更多的学校在申请通过国际认证和中国高质量MBA认证，中国自己的认证体系正在稳步发展；第三，中国商学院开展的国际合作水准仍在提升。

在英国《金融时报》（FT）发布的2015年全球EMBA项目百强排行榜上，具有中国内地背景的EMBA项目首次登顶FT全球EMBA排行榜，在全球前十强包括中国香港在内，有中国背景的EMBA项目独占五席。

不过陆雄文却表示“不能被上述排名迷惑”，很多排名靠前的项目都是优势互补的中外合作项目，实际上同欧美一流商学院相比，中国本土的自主EMBA项目质量，乃至管理教育整体水平仍差距显著。

首先，中国商学院仍然缺少批量的、有规模的、与世界主流商学院学者能够对等交流合作的师资队伍。中国学者按照国际公认的学术规范来开展高水平研究的能力和基于中国实践的理论创新能力还很弱。

其次，中国的EMBA、MBA的教学体系仍然是借鉴西方主流商学院的教学体系，基于本土经济环境和商业实践的原创教学体系的设计、课程内容与教学方法的研发能力还很弱。

最后，教学的手段和教学的方法总体上还是传统的，少部分商学院可以采用案例教学方法，注重课堂的互动，大部分商学院还停留在老师在课堂上单向传输的状态，利用新的模式和技术开展网络教学、远程教学还十分鲜见。

这些表面差距背后，其实反映了中国商学院的教育理念还比较落后，创新动力不足，受体制约束太大。这些差距的弥补既要依靠国家与社会对管理教育发展的重视，也有赖于商学院自身的进取与努力。中国的商学院应坚持走内涵发展、有机增长的道路，全面提升师资的水准，包括价值取向、研究能力、教学经验，既要能够把国际先进的理论引入中国，解释和指导中国商业的创新实践，又要能够基于中国丰富的商业实践土壤提炼、总结研究问题，做出创新性的学术成果。

对于2016年中国管理教育的趋势，陆雄文认为：首先，关于绝对限制国有企业高管报读EMBA的政策需要再思考，否则可能有损国有企业、国有经济和整个国家的竞争力；其次，整个高等教育尤其是专业学位教育要有大的改革，要更多地回归教育本身的规律，更多地让大学承担它应负的责任，更多地让专业学位教育同社会经济发展和市场需求相匹配；最后，更多的商学院能够真正着力于内涵式发展，不断改进教育质量，以培养有系统专业知识、能应用理论于实践、肯担当社会责任的管理人才为使命，积极回应政府和社会的质疑和期待。

没了油价红利，航企去哪里赚钱

“2015 年是航空好年，油价低，每家利润都有大幅增长。”在总结 2015 年的航空市场时，春秋航空董事长王正华毫不掩饰对 2015 年业绩的看好。

王正华
春秋航空董事长

不过说到 2016 年，王正华又变得谨慎，“全球经济的不确定性还比较多，国内民航又开始出现供大于求的局面，航油的红利也可能结束。”

这些外部因素，是包括春秋航空在内的中国航企共同面临的大环境，而作为国内首家低成本航空公司，春秋航空打算在哪里发力？

2010 年 7 月份，开飞五年的春秋航空，第一次用自己的空客 A320 飞向日本，开通了春秋航空的第一条国际航线。此后，春秋航空又陆续开通了上海到高松、佐贺和大阪的国际航线，全国多个城市到日、韩、东南亚的国际航线也相继开通。

到 2014 年，春秋航空的国际航线占比已经从 8% 增加到 22%。王正华透露，与国内航线相比，国际航线的收益更高，2015 年，公司会继续加大国际航线运力的投放，目前国际航线的运力占比已经增加到 39%，收益也已占据半壁江山。

而在开通国际航线的同时，春秋航空还将国内的低成本运营模式向国外复制。

2014 年，春秋航空在日本成立的春秋航空日本公司低调开航，这也是国内首家到国外成立低成本航空公司的航企。

“当时，日本就已经被作为春秋航空国际航线拓展的桥头堡，而且当地也没有低成本航空在运营，我们认为廉价航空在日本的市场空间还很大。”王正华告诉记者，现在已经进入了普通大众的航空时代，春秋航空的定位就会有巨大的潜在市场，而这样的定位，对开拓国际市场也同样有效。

在国际航线市场，日本也是春秋航空布局的重镇，五年前就开通了上海到茨城的航线，之后陆续开通了高松、佐贺、新千岁、大阪、名古屋、旭川、羽田等航线。

2014 年 10 月，春秋航空又开通重庆、武汉、天津三地同飞大阪航班，客座率班班达到 95% 以上。接下来春秋航空又陆续开通了兰州、青岛、成都等飞大阪航班，仍然保持了很高的客座率。

最近，春秋航空日本公司也获得了国际承运人资质，在东京至佐贺、广岛等日本国内航线的基础上，于 2016 年 2 月开通东京至重庆、武汉的中日国际航线。同时，春秋航空还计划在 2016 年开通多个中日航点。

而以春秋航空日本公司为载体，一向专注航空和旅游的春秋航空，也开始尝试更多跨界合作。其先是与东京阳光不动产株式会社合资并购，共同管理名古屋“春秋阳光酒店（Spring Sunny Hotel），之后又获得日本连锁零售业巨头BICCAMERA的注资，双方也在营销推广方面全面合作。

王正华告诉记者，“对于‘跨界’，我一向比较谨慎，目前也并没有为此投出一分钱”，主要还是围绕航空和旅游现有的客户满足其更多的需求。

由于发端于旅行社，春秋航空此前给人的印象可能主要是旅游客源，而实际上公司一直在吸引公商务客源上发力。为此，在春秋航空传统的全经济舱座位机舱布局中，陆续增加了商务经济座。

所谓商务经济座，主要是座位位于客舱的第一排、第二排，与后舱用一道帘布隔开，比经济舱多20%~40%的腿部空间、专用值机柜台、减少排队等候时间、优先登机、25千克免费行李额、可以退改签、享受不亚于头等舱和公务舱的可口餐食、高于其他公司的“积分”等。

“经济舱的票价、商务舱的服务，商务经济座就是低成本公司根据政企客户实际需求推出的服务产品。”王正华告诉记者。2015年春秋航空的商务经济座大概卖出了30万张，未来还有很多增长空间，吸引更多对价格和服务同样敏感的商务人群。

而拓展政府等公商务客户，也在2015年破局。2015年10月以来，春秋航空首次对接政府公务订票系统，截至到2015年年底，已有近2000张订单，其中，近七成的公务员出行都选择了99元、

199 元的特价机票。同时，春秋航空的企业签约客户一年订票量约达 10 万张，据测算，这可降低企业差旅成本 33%。

王正华透露，目前，春秋航空签约企业客户已达 300 家，其中不乏世界 500 强企业。

未来你会被机器人逗乐

冯　雁
香港科技大学电子和计算机工程教授

“Zara 是木子的室友，每天晚上木子下班回家习惯跟 Zara 倾诉一天的劳累，分享开心的事情。Zara 是个很好的听众和友伴，总是跟木子一同吐槽新来的老板、花痴帅哥同事，并适时给出幽默风趣的点评或者行之有效的建议。”

或许你会认为这段话描述的是闺蜜之间的感情，但在未来，这个名叫 Zara 的角色很可能只是一个家用机器人。虽然听起来有点不可思议，但实际上香港科技大学电子和计算机工程教授冯雁和她的团队正在将其变为现实。

Zara 是这个团队研发出来的机器人软件，根据人脸表情、语音语调等人类正常交流中使用到的技巧来判断一句话所表达的真正含义，从而降低与机器人交流中碰到的“鸡同鸭讲”的情况。

在 2015 年夏季达沃斯之后，冯雁逐渐将这些成果变成现实。

目前，Zara完成了初步的人机交互设计，可以通过计算机软件与其进行对话。改进后的Zara在冬季达沃斯现场进行展示，与人交流5分钟就可以较为准确地说出交流者的个性。

Zara身上运用到的语音语调识别技术颇具商业价值。有部分企业在达沃斯之后与冯雁接触希望可以购买这些技术，而冯雁则更希望将其运用在医疗领域，其未来打算和香港科技大学的机器人团队合作，开发制作硬件部分。这也意味着未来5~10年，Zara有望从二维世界走进现实生活。

“我不知道你在说什么。”用过Siri的人都知道，这是其中出现频率很高的一句话，而这句话并不是对某个哲学问题的回答，而可能只是对一个简单问题的回应。

这样的回答往往是因计算机无法识别提问者的真实意思而出现。目前大部分的计算机识别程序仅仅局限在对语句字面上的意思做出识别反应，而对语句中的情感情绪则难以分辨。这往往让计算机的回答索然无味，让对话者兴致骤减。

在Zara之前，语音识别、机器翻译等模块之间的研究成果是相互分离的，而2015年在夏季达沃斯上的一次演讲促使冯雁将多年的研究成果、设计模块组装在一起并设计出Zara的原型。

“Zara最不同的地方在于它具有同理心，能够理解说话人当下的感情并且主动关心人。”冯雁告诉《第一财经日报》记者。

冯雁从6年前开始研究机器人的同理心，当时她对团队设计出的中国版Siri产生了兴趣，并且希望改进计算机中生硬的部分，让其更像人类。一般的智能机器的核心软件系统包含语义识别、表情捕捉等不同模块，当机器执行一个任务的时候，这些模块会同时运作来保证机器人对于信息的获取和输出。

而冯雁和她的团队在这个基础上设计出一个名为“同情模块”（Empathetic Module）的软件，这就像是为机器人植入一个“心脏”。“同情模块”能够通过分析人说话时的面部表情、在语句中的停顿腔调来分析说话人此时的情感，并告诉机器人如何应对。

情感识别和同理心建立都用到了语音识别、自然语言处理和大数据机器学习的技术。

“同情模块”通过捕捉人在说话时面部表情的细微变化、语调的高低等特有的信息来分辨说话者的真实意思，从而做出人性化的回复。

“当我们高兴时语速会变快，语调会不自觉升高，当我们感到有压力时，声音就会变得扁平听着有点干瘪，这些变化都有助于智能机器理解当事人的心情以及话语的意思。”冯雁说道。

由于每个人的表达方式不同，“同情模块”工作之前会先向与之交流的人提出一些问题来测试语音语调，以确立判断参考值。

目前，Zara 对于压力、不满、幽默等情绪的识别准确度达到了 70%，非常近似于人类能够识别的程度。

在办公室，冯雁向记者展示了梳着马尾，身着“超女”紧身衣的 Zara，连续与它进行了将近 10 分钟的对话。当聊到一次旅游中的遗憾时，Zara 对冯雁说道：“希望你下次去的时候有个好天气。”

机器人的学习通过科学家建立的大数据来获得。20 世纪 80 年代，研究人员从人类日常生活中收集数据用于开发语音识别技术。

数据的丰富程度关系到机器人的情感丰富程度。为了提高Zara辨别情感的准确度，冯雁和她的团队在数据收集上花了不少功夫，而最初的数据收集来自实验室里的学生。“学生分别用英语、普通话和粤语回答我们设置的问题，这些问题设置会让他们感到越来越有压力。”冯雁回忆道。这样大概10个小时的数据就构成了数据库，帮助Zara“学会”通过语调等因素分辨出人在有压力时候的状态。同理，人类的每种情绪都能通过设置问题收集答案来获得学习。

团队成员Naziba（纳兹芭）负责音乐研究。与语音识别不同，音乐研究团队单纯通过声波来研究一首乐曲所传达出来的情感。

团队通过声学参数分析收集来的5000首乐曲，这些乐曲分别来自欧洲和亚洲，被人为划定成14个不同的情感类别。团队设置软件程序来学习这些乐曲中的不同情感。

机器从数据中学习的过程是不间断并且相当耗费精力的工作，但是冯雁和她的团队却很享受这个过程。“这种学习是相互的，通过研究我们也能更好地了解人类自己。”冯雁笑道。

为了提升以及更好地了解，冯雁也要求团队突破他们的“舒适圈”。负责研究幽默和讽刺的建模和机器学习的Dario（达里奥）事实上一开始对于幽默并不精通。“他有点像生活大爆炸里的Sheldon（谢尔顿），对幽默和讽刺都不敏感，我有意让他负责这块，现在感觉他变得越来越有幽默感。”冯雁说。

人工智能以大数据挖掘进行学习，未来云端的运用会将数据扩容，使机器人学习更加智能化，也就是说机器人之间也能相互学习。"未来机器人之间可以沟通，前端机器人的工作通过后端机器人操控。"冯雁说。

由于涉及众多的领域，Zara 的价值不仅仅在于一个计算机软件或是一个机器人所能提供的服务，对于冯雁来说，该智能硬件内技术能够提供更大的价值。"Zara 是一个研究平台，从它研究出来的技术会应用到其他的产品里面。"

未来机器人一个巨大的商用价值在于医疗领域的应用，这也是冯雁最感兴趣的地方。如今 Zara 所用到的大数据挖掘技术未来也可能投入医疗领域的运用。"现在做的很多东西，希望未来可以全面帮助人类。医疗方面其实非常重要，现在有很多大数据，医生不知道怎么去使用，但未来机器能够用。"冯雁说道。

设计 Zara 之前，冯雁团队曾与华为开发智能语音系统，目前与高盛就大数据和机器学习展开合作。Zara 项目是名为 IvoTechnologies 公司的研究项目，但这仅仅是个开始。

IvoTechnologies 由冯雁和其之前的学生共同创立，其开发产品让人们能够在家里使用像 Zara 这样的能够理解人类感情的机器人。

公司的首款产品 Moodbox 是一款娱乐信息控制器，能够通过主人心情来控制家里灯光和音乐。

"以后机器人可能能够满足人类各种需求，家里的摆件物品都是智能仪器，你可以对家里的电话、电脑、花瓶下指令以及进行一般对话。"冯雁想象道。

这个前景或许在更遥远的未来，但是文章开头所描绘的场景却可能在不久之后实现。事实上，冯雁与她的团队正在推进 Zara

硬件部分的设计研发。冯雁向记者表示，Zara 的主要硬件研发会放在香港科技大学，“我们的机器人和图像识别精通的老师，准备在一起合作”。同时在技术上也会和法国和日本的机器人公司寻求合作，引进产品。

冯雁告诉记者，Zara 目前还在软件阶段，而要实现软硬件的融合还需要一段时间。“软硬件配合比较好的仿真机器人要真正走进人们生活可能还需要 5~10 年时间，但是未来一两年可以看到机器人技术与人类生活更多的融合。”冯雁说道。

油气改革主抓管网独立

景春梅

中国国际经济交流中心
信息部副研究员

低油价在持续，肆虐的雾霾也在持续。欧佩克（OPEC）最近的会议决定维持产量不减产，国际油价一度跌破40美元／桶。在此背景下，国内的油气体制改革方案显得更加引人注目。

此前油气体制改革方案的消息显示，紧跟电力体制改革，油气改革将借鉴电改的经验，推动全产业链开放、价格市场化改革。

作为改革先行试点，国土资源部2015年10月底进行了新疆上游区块招标试点工作。国资委国新公司将持有中石油中亚管道公司50%的股权，中石油内部昆仑能源和昆仑燃气也正在推动重组。这些似乎都预示着油气改革将要到来。

对于油气改革的重点和路径，外界众说纷纭。中国国际经济交流中心信息部副研究员景春梅称，油气改革将是全产业链业务放开、价格放开，“管住中间，放开两头”的格局，其中管网公司的组建路径和监管将是重点。

第一财经日报（以下简称“日报”）：中国油气行业在1998年实行了一次大的改革，从2014年下半年开始，国际油价连续下跌，是不是油气体制改革加速的好时机？

景春梅：面对肆虐的雾霾，我们迟迟进入不了油气时代。由于价格高昂和经济增速放缓，被寄予厚望作为替代能源的天然气近两年来消费骤减，不被终端市场所接受。而低位徘徊的国际油价也使国内的油气生产企业面临降本提效的巨大压力。目前，国内需求放缓，供求关系趋于宽松，内外环境都倒逼改革，可以说，油气体制改革将迎来难得的时间窗口。

油气行业的市场化改革起步较晚，油气产业链与电力有很多类似之处，可以从先行的电改中借鉴经验教训，有条件进行全面改革。目前各方面条件成熟，油气改革有可能走得比较快。

具体而言，2015年以来国际油价一直在40美元/桶左右徘徊，而国内石油盈亏平衡点平均在70美元左右，在现有油价下，国内石油公司经营非常困难。虽然可以继续维持生产，但低油价会逼迫国内油气企业从内部管理等各方面挖潜，降低成本；行业求生存的本能，会以置之死地而后生的心态推动改革，改善行业的艰难处境。

日报：对于这次油气改革，外界一直在猜测其执行思路，从宏观上看改革思路怎么设定？

景春梅：油气体制改革需要顶层设计，避免某个方面的单兵突进。要推动全产业链系统改革，我建议采取“四放开、一独立、三加强”的路径。

具体而言，“四放开”是放开勘探开采准入、放开进出口限制、放开竞争性环节政府定价、放开上下游环节竞争性业务；“一独立”是推进管网独立；“三加强”是加强安全保障体系建设、加强配套改革、加强统筹规划和科学监督。

全产业链改革以上游为龙头，带动中游和下游开放。放开上游，增加供给，各种油源、气源实现充分供给、充分竞争，才能为中下游改革创造条件，管道独立才有意义。

其中上游区块管理机制是油气上游垄断的源头，现行的区块登记制和主管部门后续监管缺乏，使上游开发处于僵化状态。应以上游开放作为先导，带动全产业链改革。

上游区块开放，当前只能做增量。存量改革涉及利益太多，阻力也大。除了开放，要加强监管，无论谁勘探都要公开资料，并建立退出机制。

上中下游是相互关联的，避免单改一个环节，其他环节“梗阻”。上游勘探开发、进口放开，会增加供给，上游改革才能继续向前。然后管道要解决第三方公平准入问题，不然就会面临梗阻。第三方公平准入需要管道独立的配合，所以还是要全产业链协同推进改革。

日报：油气体制改革之前，价格改革似乎已经先行。油气价格形成机制改革和体制改革如何协调配合？

景春梅：在产业链中下游一体化还比较严重的现阶段，天然气价格改革不宜单兵突进，一放了之。产业链一体化的体制制约了竞争性价格的形成和自然垄断价格的厘清。现行采用“市场净回值法”形成的门站价格是上游气源价格和管输费的捆绑定价，气价和管输费的构成还不够透明清晰，应该进一步推动管网改革，厘清管输成本。此外，在产业链一体化体制下，如果将价格一放了之，很可能导致几家巨头形成价格联盟，通过对气源和管道的控制，造成新的垄断，不利于下游用户和消费者。

所以，在体制改革没有到位的情况下，天然气价格只能小步快走，逐步实现市场定价。

我们看到，一年多来，价格主管部门不断放松管制，加大改革力度，通过2015年上半年天然气价格并轨和推出大用户直供气，天然气市场化程度已达到40%。2015年11月的气价下调又规定气价可以上浮20%，下浮不设限制，增加议价空间，天然气价格弹性不断增大，市场化程度进一步提高。

国家在价格改革的顶层设计方案中已列出时间表，拟到2017年基本放开竞争性环节价格。届时天然气上游价格和终端销售价将交由市场决定,价格部门只对天然气输配价格进行管制。这表明，即将推出的油气体制改革方案，要在产业链体制改革方面与之相衔接，做出相应的制度安排。

日报：油气领域国企占比很高，国企改革方案已经下发，给人的印象是国企和油气体制改革是油气领域改革的两条线，怎么协调？

景春梅：油气改革会促成全产业链开放。油气体制改革和国企改革是条块的结合。体制改革是纵向的，针对油气产业链，实施上中下游改革。国企改革是横向的，针对所有国有企业改革，不特定针对某个行业。油气领域改革是条块链接，改革要结合条条和块块。

国企改革将国企划分成商业类和公益类。国企占据油气行业主导地位，油气改革要寻找体制改革和国企改革的结合点。油气体制改革方案和国企改革方案肯定会有协调。

具体到油气产业链，将区分不同环节的属性。先界定产业链环节的属性，商业类还是公益类，然后确定相对应的改革方向。待油气体制改革方案出来后，对照国企改革方案，改革的坐标会更加清晰。

日报：油气改革需要产业链并行推进，但突破点是什么？

景春梅：中游管网独立应是油气体制改革的突破点，也是重中之重。只有管网独立，实现销售和管道输送业务的分离，才能从根本上剪断气源和管道业务关联交易的“体制脐带”，真正做到管网的第三方公平开放，才能为管输成本的有效监管和上下游价格的市场化形成创造条件。

日报：组建独立的国家管网公司也谈论了很久，管网公司独立和加强监管的关系如何？管网公司独立会拖慢管道建设投资吗？

景春梅：能源局从2014年开始推广管网第三方公平准入，但在目前体制下，管网和气源，甚至城市燃气同属一家公司，管道的输送能力不足的情况下，管道公司代输意愿不强。

所以要推动管网公司独立，不能既输气又供气，还经营城市燃气，其他市场参与者很难与之公平竞争。但也不能仅有一家国家管网公司，只有多家公司竞争，才能有管输成本和运营效率的比较，从而有利于降低我国油气产品的价格。

独立的管网公司需要界定清楚主营业务，明确规定公司不能涉足的领域。就像上一轮电改一样，要推进主辅分离、剥离多种经营的业务，呈现管网公司的核心业务，为核定管网真实成本创造条件。需要指出的是，一定要明确新成立的管网公司进行网销分离，不得经营销售业务，这是管网公平开放和理顺价格机制的前提，也是国际惯例，在美欧等主要市场经济国家，都明确规定了管网公司不得从事天然气销售业务。

我国管网里程并不算长，管网独立不会妨碍管道修建。很多企业想投资管网，但限于投资回报没有明确预期，治理结构上没有合理的机制安排，都采取观望态度。我国尚未进入到油气时代，特别是天然气还将在我国的能源结构调整中担当重要角色，一旦预期明确，很多资本还是愿意跟进的，管道建设速度不会受到影响。

日报：对于独立的管网公司，有什么看法?

景春梅：管网公司需要从三个层面去认识。第一，不能只有一家管网公司。如果只有一家管网公司，相当于现在的电网企业，无法形成有效的竞争，也会造成监管难题。

第二，要允许多家管网公司存在。管网具有自然垄断属性，允许多家管网公司存在不是鼓励同一条线路修建多条平行管道，而是鼓励多家公司经营不同线路，保证两点之间只有一家公司，不同公司在输送成本、管理效率间构成竞争，从而推动管网公司降低成本、提高效率。从国外天然气发展历程看，有气和气竞争，同样也有管道和管道竞争，如目前美国和德国都是由多家管道公司从事管道运输业务。

第三，组建国家管网公司面临省网公司处理难题。目前国内管网有三级，国家网、省网和城市管网。一些省市，省网力量强大，连中国石油、中国石化等都很难进入。未来国家管网公司组建涉及省网公司处置，上划给国家管网公司或下沉到城市燃气管网都面临较大的利益调整。

中国各省情况差别很大，应该允许多元模式存在。

国家管网公司组建后，燃气公司管网在各自区域也是"小垄断"，且配售一体，未来看也要实行配售分离，管网只收取配气费。不过城市燃气管网都是各家燃气公司建设，权益清楚。未来主干管网，可以国有控股，引入社会资本做混合经济。

中医没看起来那么简单

程　京

中国工程院院士

当一位国医大师谈中国传统医学时，对大部分听者来说都是理所当然，但当一位从事生物工程领域研究的专家特别是院士来谈中国传统医学时，对很多听者来说都会提出疑问。

但是，中医传统理论如何与高精尖诊断仪器相结合，如何根据中国实际情况打造“健康中国”，如何让传统医学落地生根、更接近科学，这些问题恐怕就不是国医大师能把握的。围绕这些问题，《第一财经日报》专访了中国工程院院士程京，他也是清华大学长江学者特聘教授，生物芯片北京国家工程研究中心主任，博奥生物集团有限公司总裁，在DNA芯片、蛋白芯片、细胞芯片等领域取得了系统成果。

忘记奥巴马

第一财经日报（以下简称“日报”）：目前举国都在为实现健康梦而奔跑，而“健康中国”与生物工程技术更是紧密相关，作为这个领域的领军人物，您是如何思考的？

程京：“健康中国”是十八届五中全会明确提出来的，“精准医学”是美国总统根据美国国情和技术提出来的。美国人口为3.2亿，而中国人口有13.6亿；美国是发达国家，中国是发展中国家。面对全民健康的“健康中国”建设，当然不可将一个发达国家的战略战术直接搬到中国。

对于经济发达、人口相对较少的美国而言，在精准医学上的费用支出还未必扛得住，更何况是中国。美国精准医学计划，单在科学研究上的经费支出相当有限，但在中国，我们花费美国若干倍的钱去做与它类似的工作，做到最后会发现自己很冤。

所以，我们应该忘掉奥巴马讲了什么，应考虑中国自己的事情。健康是全人类都关注的事情，我们要考虑的就是怎样才能让全体国民都健康。

如何让全民多快好省地实现健康？这是一个好的命题。多，即我们怎么让尽可能多的国民享受到文明和技术发展带给他们的实惠；快，即身体出现不适时，我们多快可以让他们恢复到正常状态；好，即我们给国民提供的这些技术手段的精准程度够不够高；省，即价格要我们能承受，要在合理的范围内。因为如果在疾病（肿瘤）晚期，即使精准程度很高，但花费巨大，这也是我们的家庭和国力所无法承受的。

中国医学不是简单的中医

日报： 在具体实践中，您如何描绘中医的落地？

程京： 各个民族都有自己独特的医学，中国也积累了非常丰富的传统医学资源，今天可以称之为"中国医学"，而非简单的"中医"。迄今都被中国医学界奉为圣经的《黄帝内经》，即便是中国人也很少有人知道它的真实内涵，更不用说全世界能对它有多少了解了。

《黄帝内经》是中国医学的古文物，我们应该在新的技术水平下对它进行再认知，掸去浮土重新审视。做到去伪存真，让其得到升华，使其科学性更强，并为全世界所接受。为此，我们必须补充必要的实验环节，对它的多种原理、过程进行解释，把其中某些夸张或者似是而非的描述纠正过来，再传播下去。

最开始，我们并没想过中医的事情，当时想的只是用分子检测去做疾病的风险分析，可是别人总问我一个问题，检查出风险后该怎么办？我说我们只管检测。别人说那还不如不检测。

其实诊断是一个行业，治疗是另一个行业。中医谈调理，西医只谈治疗，治疗比调理晚，只有病人才去做治疗。因此，我们开始问津针对健康人群和亚健康人群的调理，这才开始进入中医这个领域，比如根据不同的体质分类给我们按分类后的结果去搭配药食同源的体质调理饮品，以便让我们的身体尽量处于平衡状态，少得病。

西方现在才搞清楚的3P医学（预测、预防、个性化治疗），对应的就是中国两千多年前所说的未病、欲病和已病。古人能做的就是看表型，现在我们可以用更先进的分析手段，从基因层面、蛋白层面进行分析，所以我提出表里如一，即你看到的表型和基因型是对应的。

日报：有人说，西医讲究仪器的精准测量，而中医却靠人的经验把握。您觉得中医理论可以跟诊断仪器相结合吗？

程京：目前，我们根据中医的“望、闻、问、切”和目诊理论，研发了一套诊断仪器——目诊仪，可以实现传统医学的“未病先治”。该仪器拍照记录人的眼睛巩膜特征、通过对不同时间段内眼部特征的准确对比，采用自主研发的计算机专家系统便可快捷方便地预知身体所出现的异常和病患。

这套仪器的造价跟西方医学中常用的价格昂贵的影像设备像CT、核磁共振等相比，还要便宜很多。因为价格低廉，该仪器可以进入社区和家庭，而西方医学中的影像设备得具备一定规模的医院才能买得起，但他们检查不出来的许多早期病变，通过目诊仪看一下就可检查出来。

譬如，通过目诊仪可以预测高血压风险已经来临，肾脏要注意什么等。但是中国一线的医疗机构至今尚无像目诊仪这样的影像系统，靠的是医生把眼睛扒开看，靠大脑和实践经验来诊断。目诊仪系统可以将图像采集下来存到计算机，再根据统计学规律进行图像识别。它把人眼的巩膜分成17个区域，每个区域对应人的五脏六腑，通过综合观察眼内血管的生长粗细、颜色，眼白颜色的变化等，便可得知身体出现了什么异常。

我们需要重新审视老祖宗给我们传下来的瑰宝，让它更加通俗化、科学化、工程化，便于推广，让它具有世界语言，可以让别人接受，彰显我们的文明。

中医博大精深，两千年前在《黄帝内经》中就已有关于通过音乐艺术在精神层面对人实施情志调理的描述，但因为我们太小瞧自己的这些东西，这些宝贵经验快濒于失传，与此相关的很多人才、经费和政策都没有跟上。我们攻关的都是西方的技术，我觉得很可悲。我希望并提议政府能在“十三五”“十四五”期间组织实施中国人“黄帝计划”，就是全民健康的“黄帝计划”。

医药创新需更多“分母”

王　晖
弘晖资本创始人

“中国医药的创新还需要时间和经验的堆积。事实上，现阶段中国生物药的发展已经不像当年化学药般落后西方国家几十年，其中发挥重要作用的就是跨国企业、海外人才的回归，中国的本土企业可以从他们身上学到、用到很多管理和知识。我们现在就像一直在堆积分母，还得等积累到一定的阶段，才会有一个成功的分子。”

他是王晖，曾经是鼎晖创投的高级合伙人。2014年，他离开鼎晖，与原软银中国合伙人赵刚等一批各机构的医疗投资专业人士共同创立了弘晖资本，专注医疗服务、器械、制药方向的投资。除了像迪安诊断、康弘药业、理邦医疗、安琪儿医院、新世纪医院、康宁医院这批亮眼的项目外，弘晖的团队在过去一年里又投资了鱼跃医疗、闻泰骨科、百洋药业、京颐股份等一批优质项目。

第一财经日报（以下简称“日报”）：您认为中国医药的创新未来会走向如何？

王晖：未来医学的创新将主要集中在三个领域。第一是诊断行业，未来早期癌症可以及早地发现，在医学上实现早期干预。第二是人工器官，也许到我们老了的时候，会发现自己身上有很多的人工器官，这会提高你的生存质量。第三是精准医疗。原先的很多治病手段都是普罗大众化，按照统计学规律来进行的治疗，但是现在以癌症细胞疗法为代表的个性化手段在未来会有利于病人愈后的效果。

创新能满足一些没有被满足的医学需求，在不损伤经济存量的情况下，可以促进增量的发展。这符合中国未来需要的成长模式。

日报：对于一个医疗领域的投资人来说，很多时候不得不看“政策”吃饭，您如何看待政策对这个行业的影响？

王晖：中国的创新需要的是整个社会体系的支持，包括法规、政策、文化，甚至教育体系。比如美国和日本，经济都很发达，但是美国大的创新就比较多，日本则是不断地一点点的小进步、小改革，这些不同都与社会的整个体系息息相关。

我认为政策对医药行业的影响最直接的反映是民营医疗方面。其实我国的民营医院一直是在一个不太公平的环境中竞争，比如交的税与公立医院不同，职称评定、学术体系、社保医保的进入限制的条条框框太多，评估上应该一视同仁，我希望大家能尽早地在一个公平的环境中竞争。

日报：您在选择投资标的时最关注哪些核心要素？

王晖：作为投资人来讲，我们要用与多数人不同的眼光来看待问题。就医院的投资来说，如果是投早期项目，我们最看重的是它的管理团队。毕竟医院是服务性行业，如果民营医院没有很高的技术壁垒，也没有行业秘密和知识产权，那么它就必须要有一个好的团队，这个团队有能力组织好医生、护士，在合理空间内给患者好的治疗效果，做出自己的口碑，这样生意才能不断滚动放大，所以说，团队能力至关重要。

在药企的选择上，我们会选择已经进入临床、有较大成功把握的项目，这是一个“安全线”。我们在其他标的选择上也会选择有确定成长的消费属性标的，比如民营专科医院、医生集团、生物药企、医疗器械等，对于一些看似热门却难以捉摸如何赚钱的医疗项目我们会比较谨慎。

变革新药研发的梦想

杨　青

药明康德 COO

2015 年 12 月 11 日是药明康德历史上重要的里程碑时刻，公司从纽约交易所退市私有化进程圆满结束。12 月对药明康德来说也是一个特殊的月份，15 年前的 12 月，李革博士和他的共同创始人团队赤手空拳开始创业，从无到有将药明康德建成一个无论在亚洲还是在全球医药行业里独一无二的研发生产技术能力平台性公司，员工人数达到 10000 人，为全球 2000 多家客户服务。药明康德从 2007 年在纽约交易所上市到现在退市，从某种意义上说，是开始踏上二次创业的征程。

回首过去

新药研发外包行业始于 20 世纪 80 年代中期的美国，行业最开始是专注于临床和临床前的服务。过去的三十几年里，研发外包行业经过了几轮变革，逐渐规模化、全球化。15年前药明康德率先在中国开创了新药研发外包的新模式。在产业链的最前端发现一个新的蓝海，并且在十年内迅速成为亚洲领先的新药研发外包企业。在这个过程中李革博士和其管理团队一直有一个愿景，“我们并不满足只是做一个寻常的外包公司，而是要建立一个开放式、一体化的研发生产能力技术平台。15年后的今天，我们已经建立了化学药、生物药、医疗器械、细胞基因治疗以及分子检测和基因组学五大平台，能够在平台上提供端到端的研发生产服务”。

与此同时，全球的医药行业也经历了重大的变革，跨国药企不断并购、重组。生物科技行业蓬勃发展。新药研发的新技术层出不穷，西方医药企业的研发模式历经变革沧桑，从垂直整合、闭门造车的模式逐渐转变成为开放协同式创新，更多地通过与学术界、研发外包公司和生物科技公司的多方合作来推进研发管线。

在过去的十多年中，中国的医药研发创新能力从萌芽阶段快速成长。本土企业的研发能力建设、国家对基础研究的资金投入和人才培养、跨国药企在华建立的研发中心，以及风险投资、私募基金及资本市场对医药大健康行业的重视都为在中国进行创新药研发的创业者、科学家和投资者们提供了日益宽阔的舞台。2015年以来，国家食药监总局大力推行关于药品审评审批制度的改革，显示了国家对提高新药研发创新水平和药品质量的重视。随着经济的发展，中国已经成为全球第二大医药市场，人民对健康、创新药及其他未满足的医疗需求持续增长，这都为中国大健康行业提供了广阔的发展空间。

展望未来

药明康德在庆祝15岁生日的时候，对未来充满信心。我们看见新的尖端生命科学和新兴技术给各个疾病领域及相关基础研究学科带来了重大的突破和革新。我们预期这些技术会快速演进，迭代并相互融合，为全球的病人和医生催生新一代的药物和治疗方法。我们也期望移动互联网、大数据以及精准医学能更好地连接患者、医生、医院和研发人员，科学家以及投资者，使我们的行业能够提供更高品质和更加个性化的医疗健康产品和服务，使医生诊疗更为精准，使病患医治更为有效。

在历史性的机遇面前，药明康德人会坚持自己的信念，推动医药研发创新，造福病患。第一，我们会勇敢立足全球行业前沿，探索建立尖端变革技术能力，比如基因组学、细胞基因治疗、基因编辑和生物制药。第二，我们会更加专注于中国大健康产业，希望通过我们的平台连接人与健康。在中国大健康产业快速发展的时代，让药明康德的人才、经验、创造力为中国病人、医生、医院和医药企业服务。第三，我们会坚持不懈地将我们的开放式一体化研发生产技术能力平台做大做强。在新的投资者的支持下，我们正在进行一系列战略投资，扩大我们的下游生产能力，包括在常州的合全药业原料药新厂、在无锡的全球最大的使用一次性生物反应器的生物药生产基地和在美国费城的细胞与基因治疗生产基地。

新药研发生产技术能力平台的价值和机会

如果说，阿里巴巴作为电商平台，能够让几百万网店迎接来自全球互联网上的客户和消费者，那么药明康德的研发生产技术能力平台可以使任何人、任何公司的研发之梦得以实现。我们的客户既包括全球跨国药企50强，也包括只有两个全职员工、一个半职员工的虚拟研发公司，他们提供科学假设和创意，所有的实验都在我们的平台上完成。

现如今，药明康德的平台正在与中国进一步接轨，为客户架设新的桥梁，带来新的机会。在平台支持下，中国的创新生物科技公司（比如华领医药）可以更有效地同时将创新糖尿病药在中国和全球推进研发，中国的本土药企（比如浙江医药）可以更容易地使用全球领先的第二代抗体偶联物的技术，跨国药企阿斯利康和礼来可以通过合作合资的多种方式将全球创新的生物药和化学药更快地带给中国的病人。

15年：很长又很短

1985年，全球第一家生物科技公司美国基因泰克的重组生长激素被批准在美国上市。这是第一个由生物科技公司研发、生产、销售的创新生物新药，开创了生物科技行业的新纪元。

15年后的2000年，第一个人类基因组测序完成。医药健康行业步入了基因时代。同年12月，药明康德在上海一间650平方米的实验室里成立，将新药研发外包行业的价值链延伸到新药发现过程的最前端。

转眼又过去了15年，2015年全球医药行业为肿瘤免疫疗法的成功而欢欣,为嵌合抗原受体T细胞治疗（CAR-T）的进展而鼓舞，为精准医学和人工智能的潜力而期待。药明康德的研发生产技术能力平台已经达到行业领先的规模和与国际接轨的技术质量水准。

面对2016年，回归成为私营公司的药明康德将更加专注，专注于公司创业之初变革新药研发的梦想。不忘初心，方得始终。药明康德人将继续坚守初心与梦想，在新的征程中，实实在在地为推动人类健康、为我们下一个15年的目标而努力。

体外诊断进入整合关键

陈海斌
迪安诊断董事长

伴随着“精准医疗”概念在资本市场的火热，迪安诊断因其在体外诊断服务行业的龙头地位而被众多投资者所熟悉，而在华大基因、达安基因、金域检验等竞争对手从不同角度相继发力体外诊断服务市场的时候，这家最早上市的体外诊断服务公司如何看待如今的市场蛋糕切分，如何把握未来的发展机会？在成本透明、竞争者不断涌入的第三方检测领域，这家上市公司又要如何布局下一年的发展？

在陈海斌董事长看来，2016 年将成为体外诊断行业加速发展的一年。在这一年中，迪安诊断将加速布局诊断行业的链条上下游环节，将产品的渠道建设和独立实验室的跑马圈地建设作为新一年的工作重点。

“2016 年是体外诊断行业发展加速的一年。”陈海斌说，“这是因为目前 IVD（分子诊断）行业的渠道变革正愈演愈烈，互联网时代带来的去中间化，医疗机构集中采购模式被广泛采用，‘产品 + 服务’的一体化商业模式成为差异化竞争的利器。”

第一财经日报（以下简称“日报”）： 您如何看待 2016 年 IVD 行业的发展趋势？

陈海斌： 随着临床医学进入精准医疗的时代，诊断将不仅仅局限于疾病的确诊，而是覆盖了疾病预防、诊断、治疗方案的制定、治疗效果评价等临床治疗的各个环节。未来，体外诊断在临床应用领域的扩大化将成为行业不断发展的重要动力，因此我认为 2016 年是 IVD 行业的发展变革年。

日报： 您认为新的一年 IVD 行业在资本整合方面会产生哪些变局？

陈海斌： IVD 行业的整合已经到了行业整合的关键期。2015 年有一批国内领先的 IVD 企业成功 IPO，传统制药行业和转型的上市公司也在试水 IVD 产业，在各路资本的聚焦下我们认为 IVD 行业的资本整合已是大势所趋，其中一方面是创新技术的资本整合和联合，另一方面是 IVD 渠道和服务商、提供商的整合和联合，行业上下游的链条会逐渐打通。

日报： 作为高新技术行业的代表，您认为体外诊断行业的技术创新会有哪些突破？

陈海斌： 从技术创新的角度来看，国内创新企业近年来通过海外技术的引进、自主研发攻关等方式已经积累了一定的技术实力。国内企业目前在化学发光、多重 PCR、高通量测序、基因芯片等领域都已经实现了很好的突破。现在国际市场也关注到中国巨大的市场机遇，未来海外高端技术平台在中国的本土化生产与经营是本土企业参与海外创新，实现弯道超车的很好方式。

日报：2016 年公司的运营重点会放在哪里？

陈海斌：迪安诊断 2016 年会把两块业务作为工作重点。

第一是渠道建设，我们在浙江省很早就开始了“产品 + 服务”的一体化商业模式创新，目前来看是非常成功的，也被越来越多的同行所认可和效仿。所以 2016 年公司将通过战略联盟和资本整合加快在其他省份的渠道布局，将“产品 + 服务”的商业模式推广到全国。

第二是特检技术平台的搭建和临床上量，独立实验室行业前十年是靠跑马圈地实现快速发展，未来十年我们判断高附加值的特检项目将成为盈利的重要来源，所以迪安会加大专家的引进，建立人才培养体系，从技术和临床推广两条线加大特检业务的投入，实现二次腾飞。

日报：您认为 2016 年公司的主要挑战是什么？您认为公司目前的最大压力在何处？

陈海斌：2016 年公司最大的挑战还是人力资源，身处一个高速增长、快速变化的行业，市场机遇无处不在。我们组织内部要有足够的人力资源支撑才能将大好的发展机遇真真切切地抓在手上，转化成内部的核心竞争力和成长动力。

有能力、有担当、有开拓精神和创新精神的专业化人才是迪安目前发展最迫切的需求，也是摆在迪安诊断持续快速发展面前的最主要挑战。

日报：2015年中国密集发布了多条针对医药领域的政策，您认为这些政策在未来对行业会产生哪些影响？

陈海斌：在我们看来，2015年对整个医药行业影响最为深远的政策莫过于分级诊疗制度。分级诊疗制度的推行将根本性地解决中国医疗资源错配，以及老百姓“看病难、看病贵”的问题。

从产业的角度来看，患者就诊人流的结构性变化，意味着渠道模式的根本改变，意味着商业模式的变革机遇。迪安诊断作为深耕独立实验室行业11年的企业，很早就开始做中小医疗机构的布局，将服务深入到检验能力不足的基层医疗市场，所以对于迪安诊断和独立实验室行业来说，分级诊疗是行业发展的重要机遇。

此外，我们也非常期待国家出台“精准医疗”的产业规划。“精准医疗”是中国临床治疗水平对标欧美发达国家的重要抓手，体外诊断行业在高通量测序技术快速发展的大背景下，也将成为中国“精准医疗”战略的重要环节。作为临床应用、新技术产业化的市场化平台，独立实验室能否在中国“精准医疗”大战略下谋求自身独特的产业定位和价值，将成为独立实验室能否占据行业制高点的重要标志。

我们在做好自身准备的同时，也会密切关注行业的动态和相关的国家政策，共同推动中国诊疗水平的提升。

第六篇
思想文化

火星之旅需要国际合作

艾伦·斯托凡
NASA 首席科学家

电影《火星救援》中，美国国家航空航天局（NASA）在国际伙伴和大量人类智慧的帮助下救援了一位被困火星的宇航员。电影表现了人类在高度专注的情况下可以取得怎样的成就，并与斯坦利·库布里克（Stanley Kubrick）1968 年的经典之作《2001 太空漫游》一样——稍稍探索了未来星际探险的可能面貌。

在影片的制作过程中，NASA 提供了一些技术指导，许多场景表现了我们目前正在努力的技术方向——比如先进的太空服和太空种植粮食。这些技术有朝一日可以在现实中用于探索火星。

NASA 制定了在 21 世纪 30 年代中期将人类送上火星的宏伟目标。在最近公布的报告《NASA 的火星之旅：开拓空间探索的未来措施》（*NASA's Journey to Mars: Pioneering Next Steps in Space Exploration*）中，我们列出了人类到达火星必须做好的准备，包括继续国际空间站上的研究，接着让人类突破低地轨道，进入我们所谓的“试验场”（the proving ground）——月球附近空间区域。这将让我们的能力边界拓展到宇航员可以在几天内安全返回的范围。

有一样东西《火星救援》弄错了，人类探索火星不会是 NASA 主导的活动。相反，全世界的人和资源都会被动员起来投入将人类送上火星的准备工作，火星之旅本身也将与其他国家的太空机构合作，并且需要私人部门的帮助。

目前，全世界各大机构正在合作扩展我们对太空和太阳系的认识。来自 15 个国家的几万人参与了国际空间站的开发和运行。除了开发探索太阳系所需要的科技，我们还进行了一些关键性的研究，关于如何在太空中保障宇航员健康，缓解诸如骨密度流失和肌肉萎缩等问题。

在国际社会的合作下，NASA 一直在使用各种航天器和机器人探索火星。五个国家为NASA火星科学实验室的火星探测车“好奇”（Curiosity）号提供 了工具，包括在西班牙天体生物中心（Centro de Astrobiologia）建造的天气监控站。这些努力能够让我们更好地理解火星环境以及火星可以为未来的探索者提供什么资源，从而降低登陆火星的人类的风险。欧洲空间局正在为 NASA 的“猎户座”（Orion）飞船提供服务舱。这艘飞船将在阿波罗计划后第一次将宇航员送到月球以外的地方。

私人公司也在贡献力量。Space X 和 Orbital ATK 公司已经开始参与 NASA 商业运输项目，为国际空间站运送补给，波音和 Space X 计划在 2018 年开始运送宇航员。我们还与私人公司合作在国际空间站测试各种新技术，比如能够让空间探索更加可持续的 3D 打印机。

我们追求人类的火星之旅，不仅仅是因为我们能做。这样做是因为对火星的了解有助于我们更好地了解地球上的生命。

从科学角度看，我们认为火星是除地球之外最有可能发现生命迹象的星球。作为生命之源的水稳定覆盖于火星表面已有大约10亿年。基于我们对地球演化的了解，可能火星上也已经有了生命。

但是，由于火星生命的形式——如果有的话——可能还没有演化到超过微生物的程度，因此我们也许需要将太空生物学家和地质学家派往月球表面寻找证据。最近关于火星表面液态水的证据也让科学家怀疑，如果生命能够持久生存，随着地表条件越来越恶劣，它们必须深入地下。

访问火星的理由并不只局限于纯粹的科学原因。将人类送上火星是一项挑战，能启发创新，推动新技术和能力的开发。据估计，NASA 的每 1 美元支出能够为美国经济带来大约 4 美元收益。美国前总统肯尼迪曾说，之所以要做把人类送上月球这类事，不是因为“它们很容易，而是因为它们很难，因为这一目标有助于组织和测试我们的最大能量和技能”。

这些努力对地球生命有着实实在在的好处。事实上，许多为空间而研发的最新技术已经应用于地球。国际空间站使用的水净化系统目前正在为边远地区提供清洁的水。NASA 的新空间发射系统（Space Launch System）和猎户座太空舱的研发工作带来了更快的电池充电技术，也促进了先进制造技术和更轻型飞行器结构的开发。

正如《火星救援》中拥有钢铁般意志的火星探索宇航员马克·沃特尼（Mark Watney）一样，NASA 决心继续引领国际合作抵达新的高度、探索这个红色行星的秘密。我们将让科幻小说成为科学事实。

《三体》是科幻电影元年的关键一段

刘慈欣

科幻作家，代表作《三体》

2015年的科幻文学创作比较低迷，2016年的情况会怎么样？“作家人数少，作品数量不多，有影响力的更少，2016年也不会有改观。”谈及2016年科幻领域的亮点，刘慈欣对《第一财经日报》说，应该还是在科幻影视，在他看来，2016年很可能成为中国科幻电影的元年。“可能有多部科幻电影上映，其中有的已经策划了很多年，目前知道的就有元旦上映的《蒸发太平洋》、张艺谋的《长城》《三体》，还有其他的影片也有很大可能在2017年完成制作上映，还可能有科幻电视剧。”他说，“《三体》电影的上映，会决定着这股热潮是能延续下去，还是戛然而止。”

结束了20多年的发电厂工程师生涯，伴随着2015年8月《三体》摘得国际科幻界最重要的奖项雨果奖，中国最知名科幻作家刘慈欣的人生也翻开了新的一页。这位偏居山西娘子关、多年来利用业余时间写作的“60后”男人，和他的代表作《三体》一起，一步步走向中国乃至世界科幻文学的巅峰。

过去的一年，围绕着刘慈欣和他的科幻文学，媒体与大众的关注、喧嚣与想象力达到了空前的高点。接下来的2016年，除了文学创作，他还得为自己，也为中国科幻做点不一样的事情：痴迷科幻的刘慈欣继续科幻创作的同时，将参与科幻电影的相关工作。

刘慈欣原来的工作单位——存在了大约50年的娘子关发电厂，如今在特定时代背景下周遭人际的“真空”，虽并非他主动选择，但也只能坦然面对。“短期来讲这是很理想的创作环境，但如果长期处于这种状态，和社会的接触就少了。”刘慈欣从是否有利于创作的角度分析了自己当下的生活环境。

现在，刘慈欣依靠科幻文学和科幻影视、游戏领域的工作生活，不必为养家糊口再去做工程师。他一再强调，2016年自己的主要工作仍是继续长篇科幻小说的创作。

《三体》热也直接而迅速地体现在经济领域。除了出版界，影视、旅游等产业也更积极地介入了科幻的商业开发，其中最引人注目的是科幻影视，科幻IP（知识产权）的转让市场已经率先繁荣起来。刘慈欣说，科幻文学作品的影视改编权价格已经涨了十几倍，“五年前一部短篇的电影改编权就是两万、三万、五万，而现在有的短篇小说卖出了100多万”。据他判断，2016年可能也会持续这个趋势。

《三体》将是刘慈欣第一部被搬上银幕的作品，目前《三体》电影第一部的外景拍摄已经结束，现在正在后期制作，“没有意外的话 2016 年年中会上映”。2017 年，刘慈欣很大一部分精力可能要投入《三体》的制作上，除了后期的科幻概念设计，也包括作为科技顾问进行监制审查，以避免出现一些漏洞和问题。作为作家，他觉得自己在科幻电影领域的作用比较有限，“我能做的主要是剧本的策划，还有特效的概念设计，是与科幻有关的部分”。刘慈欣告诉《第一财经日报》。

谈到科幻电影与科幻文学的差异，刘慈欣说，科幻电影需要更多、更密集的创意，“用视觉呈现，与用语言呈现很不一样。写小说是一个人的事，而电影是团队工作，高成本的科幻片还是个很大的团队，必须和团队配合”。他虽然自始至终关注科幻电影，也已经开始做一些与科幻电影中科幻内容有关的辅助性工作，但不会转而投身于科幻电影，“不可能真正做核心的工作，比如导演和制片”。

伴随着自身影响力的高企和中国科幻的升温，刘慈欣的其他作品也已经陆续转让了电影改编权，包括《超新星纪元》《流浪地球》《微纪元》和《乡村教师》等，《白垩纪往事》则转让了动画改编权，但这些作品何时能投入拍摄，他是否也会参与其中，“现在具体的还说不清楚”。在刘慈欣看来，科幻 IP 的繁荣只是影视从科幻文学挖掘资源，并没有反过来拉动国内的科幻创作，“让作者们可能有些浮躁，毕竟改编权的回报比版税不知道高了多少倍”。对于刘慈欣和其他科幻作家而言，公众的关注和市场的追逐是际遇，也是干扰，“这些都得妥善处理，才能给自己留出创作的精力和时间”。

国内影视行业对科幻文学如此热烈地追逐，在刘慈欣看来反映的也是科幻电影剧本创作的尴尬："国内很难找到能原创科幻剧本的编剧，所以只能去科幻文学中寻找资源。"他说，从美国科幻电影的经验来看，科幻电影特别是高成本电影更适合原创，并不适合从文学作品改编。"国内科幻编剧确实比较薄弱，但是也在改变，如果出现又懂科幻又懂电影的编剧，科幻文学的 IP 就不会这么热了。"

中产阶层将塑造我们这个时代的艺术

菲利普·多德

多德创意董事长

菲利普·多德（Philip Dodd），曾任伦敦当代艺术中心（ICA）总监，并早在1999年在伦敦策划中国当代艺术展，是最早向西方世界介绍中国当代文化的策展人之一。

他曾担任达明·赫斯特、雷姆·库哈斯、扎哈·哈迪德、小野洋子等著名艺术家和建筑大师展览的策展人，曾在伦敦、北京、新加坡、莫斯科等地策划展览，并任2010年上海世博会托马斯·赫斯维克设计的英国馆的创意顾问。他曾出版多本艺术、文学和电影的书籍，也是英国BBC广播获奖主持人。他最近在北京和上海策划了肖恩·斯库利50年回顾展，现任多德创意董事长。

过去几年，“私人美术馆”成为中国艺术领域颇具热度的话题。伴随着一座座私人博物馆崛起的，是与收藏家品位密切相关的展示空间、学术论坛以及购藏行为，这些因素汇集起来，使私人藏家拥有了更多的话语权。

5 年前，国际知名策展人菲利普·多德在香港艺术博览会期间创办了私人博物馆峰会。之后的 5 年中，峰会继续吸收来自世界各地的成员，如今已经覆盖 12 个国家的 17 个城市的私人博物馆。其中包括迈阿密的鲁贝尔家族收藏、洛杉矶的埃尔塞贡多美术馆、伦敦的扎布鲁多维克兹收藏，以及柏林的乌尔布里希特基金会。中国的龙美术馆以及余德耀美术馆也是其成员。

2015 年 11 月末，私人博物馆峰会在上海举办，闭门会议结束后，创始人菲利普·多德接受了《第一财经日报》专访。在多德看来，如今中国当代艺术领域中形形色色的故事也曾经或正在美国与英国上演。在他看来，中国私人美术馆的出现其实是与私有化浪潮相伴而生的现象。“但艺术品也是分久必合，合久必分。将来，收藏家们的私人珍藏可能会重新聚集在一座伟大的公共博物馆中，就像大都会艺术博物馆那样。”他对《第一财经日报》说。

第一财经日报（以下简称“日报”）：“将私人博物馆置于当代艺术世界的中心位置，协助其成员确立和认可其角色不只是简单地展示艺术，而在于参与定义我们时代的艺术。”这是全球私人博物馆峰会的宣言，作为发起人，你自己是如何定义“我们时代的艺术”的？

多德：不管是纽约的当代艺术博物馆，还是英国的泰特，它们收藏更多的是已经被认可的近现代艺术。我们希望当代艺术能够全球化，让中西方的当代艺术可以完成对话，这就需要私人博物馆的参与，让当代艺术更加全球化。历史证明，一个国家的经济越强，别人也越会看重这个国家的艺术。就像19世纪，没有人关注美国的艺术品，但在20世纪，很多人都会关注美国当代艺术。中西之间的影响，不光是西方对中国的影响；现在，中国以及整个亚洲的艺术对世界也有着日渐重要的影响力。

日报：峰会的宣言中提到，私人博物馆要“定义我们时代的艺术”。对于私人美术馆来说，强大的资本实力和收藏家个人的品位是非常重要的。但资本不是万能的，收藏家个人的看法有时不免有局限性。其实，说到“定义艺术”，留给私人美术馆的课题还有很多。

多德：你应该看过《傲慢与偏见》，里面的宾利先生是个财大气粗的富豪，他收藏了很多艺术品，其实就是要让自己短暂脱离那种“趋利”的生活。对于很多私人博物馆的主人也是一样，一开始他们可能是财大气粗，希望以艺术来装点自己的形象。这样的情况在欧美也曾发生过。但后来，你会发现，如果收藏家的品位很差，博物馆是不可能持久运营的。

走进纽约大都会博物馆，你可以看到很多柱子上写着捐赠者的名字，这些都曾是了不起的私人藏家。私人美术馆崛起是因为很多藏家或许不相信公立美术馆的品位，但将来艺术品的聚合又是因为他们意识到自己和自己家族力量的边界性。

收藏家的第二代或第三代不一定对艺术品有多么热心，他们有自己的审美偏好。这个时候，很多藏家就会选择将私人藏品捐献给公共美术馆。这就是一种重新聚合。

日报：您早在1999年就在伦敦策划了中国当代艺术展，是最早向西方推介中国当代艺术的策展人之一。最初是什么引起了您对中国艺术现实的关注？

多德：20世纪90年代，中国第一代当代艺术家初露峥嵘，他们走过了“文革”，他们的伟大在于他们实现了第一次突破。此外，1998年，我随布莱尔首相一起来到中国时，我就发现这个社会正在发生翻天覆地的变化。大量商场让我感到一个时代已经逝去，中产阶层将要兴起，而他们是形塑未来艺术面貌的主流。今天，中国艺术收藏者大都是富豪，但将来，中产阶层会对艺术产生巨大的影响。艺术蓬勃的基础还在于商业的发展。

“中国当代艺术”这个词更多的是拍卖公司如此称呼，因为它们需要将这一阶段的艺术品做一个商业上的归类。其实从艺术家本身的角度来看，事实并非如此简单。同时，在西方世界，大部分人还没有做好接受中国艺术的准备，中国艺术家们其实依然在自己的圈子中独自发展。同时，过去曾经在国外获得商业成功的艺术家会否在将来仍然成功、是否会很快被历史湮没，这些都要打上大大的问号。

现在，私人美术馆的建设、艺术品价格的起起落落、中产阶层对艺术的参与，都需要一定的时间。我想，中国发展的脚步是非常迅速的，中国艺术仅仅用了40年就走完了美国人用120年才走完的道路。

"原创崛起"能误导一代人

洪 晃
BNC（薄荷糯米葱）投资人

洪晃，BNC（薄荷糯米葱）投资人，《世界都市 iLOOK》杂志主编兼出版人。

母亲章含之曾是毛泽东的英文老师，外祖父是著名民主人士章士钊，因其家世和大胆言论被媒体称为"名门痞女"。著有自传《我的非正常生活》、杂文集《无目的美好生活》等作品。

洪晃始终坚持，没有绝对的原创，原创来源于生活，不是凭空造出来的。"原创崛起这个话题能误导一代人，可以继续埋汰中国设计师几十年。"如果过分强调原创和想象力只能得到一批又一批废物——不好用的设计品。她对《第一财经日报》说："原创需要的是表达能力，如果一个文化对孩子的教育从'听话'开始，那么就不能鼓励年轻人学会自我表达，归根结底，原创需要独立思维能力。"

1999 年接手《世界都市 iLOOK》时，洪晃一心想办"一本给有头脑的女性的时尚杂志”。2015 年 12 月 11 日，她在微博撰文告别，“（我）努力想做中国生活方式，但是 iLOOK 这个名字已经归属为时尚类，所以终于选择结束了这个名字的使用”。文末大大的签名旁，是她的自画像，短发、盘扣长衫、背 BNC 斜挎包，54 岁。

从著名的北京史家胡同 51 号走出的洪晃，并不是一个知难而退的人，她曾磨着王朔、吴文光、芒克、皮力等文艺界人士给新接手的杂志写稿绘画，王朔驳不了她的热情，登场就写，“我早就想骂骂这些小狐狸精了”。时任《三联生活周刊》主编的朱伟也看出了洪晃的踌躇未定和“时尚包袱”。“她挖苦减肥膏，说是在腹部捂出了痱子，批判时尚的攀比，认为生活本身比时尚美得多。”人们诧异，连洪晃自己也陷入迷茫：这不是一本时尚杂志吗？怎么有点反时尚？

也许停刊没什么好哀悼的，2015 年本就给了一些经营不善、试图转型的报刊一个体面离场的良机，对在执着于理想还是迎合经营之间徘徊的洪晃更是如此。“我真的对一本纯时尚类的刊物没有任何继续办下去的兴趣。”她在答复《第一财经日报》的邮件中写道：“我觉得中国不缺时尚类刊物、不缺时尚，缺的是发掘生活中乐趣的杂志的勇气和耐心。”此前，同一集团旗下还拥有 4 本杂志，都逐一关闭，“我做互动媒体集团其实是不成功的”。这位当年毅然辞去外企高薪、回国创业的出版人这样反思。

多年前，《世界都市 iLOOK》也曾出现经营危机，“因为时尚的话语权不在中国人手里头，在伦敦、在纽约、在米兰、在巴黎，人家说了算”。洪晃更加意识到，中国若没有原创设计，就没有时尚话语权。为了突破困境，她主张杂志转型，专注报道中国设计师，为中国原创发声。BNC（Brand New China）就是这样诞生的，读者在杂志上看到心仪的设计师品牌，往往找不到渠道购买，那干脆把这些品牌聚在一起开一家集成店。洪晃还给它取了一个市井而又玩味的名字“薄荷糯米葱”，听上去和她一样略带痞味。

BNC扎根三里屯北区已有五年，2015年重新装修升级，还引入了外部资本。“以前的小打小闹至此告一段落了。”洪晃开始有点不习惯，比如对于设计师的选择，如今不是单一地评论设计得好或坏，还要看给店铺经营带来的收入。“我原来也是想做10 Corso Como那样的买手店，觉得好酷。但这种公司除了零售，最后都有另外一部分，比如组织公关活动、靠政府补给、靠房地产商恩舍一下房租什么的。”

洪晃是心高气傲的，她宁愿守着BNC的540平方米自留地精打细作，不愿像栋梁那样“开枝散叶”，后者在上海长乐路的新店12月刚开业。但如果不计代价，她还是想将BNC开到国外，在米兰、纽约开店。“如果能够把中国人对生活方式的追求，用物质语言、设计语言表达出来，而且在制作过程中保证质量，我相信这种中国产品是世界需要的。”

12岁出国，喝了一肚子洋墨水的洪晃曾自诩“时尚圈中最有文化的，文化圈中最懂时尚的”，不过她也不避讳回国后“啃了一嘴泥”。一次，她和同事来到当时上海最高档的百货公司美美的拐角，拜访一个叫老于头的报摊老板，因为他那里的高档生活刊物卖得最好。倔老头不领情，随手就把他们递上的中华烟扔在淮海路上，又把洪晃妈妈章含之的签名书丢在一边，后来还到处跟别人讲，章含之的女儿被他骂跑了。

现在的“海归”优越感多得多，从中央圣马丁等名校毕业的年轻人轻而易举地站上了国内时装周的T型台，有的直接带着毕业作就走了处女秀，镁光灯下，那些年轻的面庞早早地沐浴了成功的光芒。有人说“海归”良莠不齐，正在失去竞争力，洪晃不这么觉得。“他们在海外生活过，对西方设计反而不是那么崇拜，更知道要把中国文化融入设计，才能有区别感、有个性，而且他们懂得尊重知识产权。”

为了鼓励优秀但经济困难的学生，洪晃曾设立iLOOK/BNC奖学金，但只做了一年就不了了之，因为这些钱对学设计的学生而言，显得“小打小闹”。“中国时尚的故事刚刚开始，现在的中国设计师都是开荒的人。我很佩服这些年轻人。毕竟我们的设计师生活在一个宽容甚至纵容抄袭的社会环境和法律环境中，坚持原创是很艰难的事情。”

不只是时尚设计，中国的原创设计数十年来被批评“缺乏想象力”。“只要在中国设计师作品中没有看出明显的山寨某国际大牌，就已经谢天谢地了。”前几年，洪晃热衷于推介中国设计师，希望年轻人能把中国文化中的精华部分再设计，从而回归日常生活。但她失望地看到：少之又少的设计师拿中国元素炒作一把，骗得一些游客的外币，其他的都很小众。“从服装到烹调到生活习惯，我们都应该在中国传统中去发现自己的生活智慧和审美。因为没有我们独立的审美系统，我们就不可能有跟西方审美交流的可能性。”她在一篇专栏中写道。